루이 브라이, 손끝으로 세상을 읽다

역사를 바꾼 인물들 3

루이 브라이, 손끝으로 세상을 읽다

초판 발행 2014년 2월 5일 | **초판 2쇄** 2022년 7월 5일
지은이 마술연필
그린이 원유미
펴낸이 신형건
펴낸곳 (주)푸른책들 · **임프린트** 보물창고
등록 제321-2008-00155호
주소 서울특별시 서초구 양재천로7길 16 푸르니빌딩 (우)06754
전화 02-581-0334~5 | **팩스** 02-582-0648
이메일 prooni@prooni.com | **홈페이지** www.prooni.com
인스타그램 @proonibook | **블로그** blog.naver.com/proonibook

ⓒ 마술연필, (주)푸른책들, 2014

ISBN 978-89-6170-349-9 74990

＊잘못된 책은 구입한 곳에서 바꾸어 드립니다.
＊이 책 내용의 일부 또는 전부를 재사용하려면 반드시 저작권자와
(주)푸른책들 양측의 서면 동의를 얻어야 합니다.

이 도서의 국립중앙도서관 출판시도서목록(CIP)은 서지정보유통지원시스템 홈페이지(http://seoji.nl.go.kr)와
국가자료공동목록시스템(http://www.nl.go.kr/kolisnet)에서 이용하실 수 있습니다.
(CIP제어번호 : CIP2013027366)

보물창고는 (주)푸른책들의 유아, 어린이, 청소년 도서 임프린트입니다.

(주)푸른책들은 도서 판매 수익금의 일부를 초록우산 어린이재단에 기부하여
어린이들을 위한 사랑 나눔에 동참합니다.

루이 브라이,
손끝으로 세상을 읽다

마술연필 글 | 원유미 그림

보물창고

■ 글쓴이의 말

점자로 어둠을 밝힌 루이 브라이

어느 날 저녁, 드라마를 보며 쉬고 있는데 갑자기 정전이 되었습니다. 번쩍거리던 텔레비전 화면도, 신문 위의 글자도 사라지고 온통 새까만 세상이 펼쳐졌습니다. 조금 뒤에 다시 전기가 들어왔지만 어둠 속에서 보낸 그 짧은 시간이 얼마나 길게 느껴졌는지 모릅니다.

세상에는 이런 어둠 속에서 평생을 보내야 하는 사람들이 있습니다. 바로 시각 장애인들입니다. 루이 브라이 역시 네 살 때 불의의 사고로 시력을 잃었지만, 온 힘을 다해 장애를 극복하고 시각 장애인들을 위한 점자를 만들었습니다. 그가 만든 점자는 프랑스를 넘어 유럽으로, 곧이어 전 세계에 퍼져서 시각 장애인들의 눈이 되었습니다.

어린 시절 시각과 청각을 모두 잃었지만 훌륭한 사회

운동가가 된 헬렌 켈러, 한글 점자를 만들어 우리나라 시각 장애인들의 눈을 밝혀 준 송암 박두성, 시각 장애인으로는 최초로 에베레스트 산을 정복한 에릭 와이헨마이어까지, 이들은 모두 루이 브라이의 점자를 통해 역사에 큰 발자취를 남긴 인물들입니다.

이제는 엘리베이터 버튼, 계단 손잡이, 음료수 캔 등 우리가 사는 세상 곳곳에서 쉽게 점자를 찾아볼 수 있습니다. 이러한 흔적을 만날 때마다 어려움 속에서도 희망과 용기를 잃지 않았던 루이 브라이의 삶이 자연스럽게 떠오릅니다.

여러분도 이 책을 통해 눈먼 사람들에게 지식의 문을 열어 준 루이 브라이의 숭고한 영혼을 만나 보기 바랍니다.

-2014년 겨울, 마술연필

차례

사고 • 9

팔뤼 신부님 • 20

홀로서기 • 33

손끝으로 읽다 • 45

브라이 점자 • 61

루이 선생님 • 73

비밀 문자 • 82

1월 6일, 파리 • 96

글쓴이의 말 • 4
역사인물 돋보기 • 103

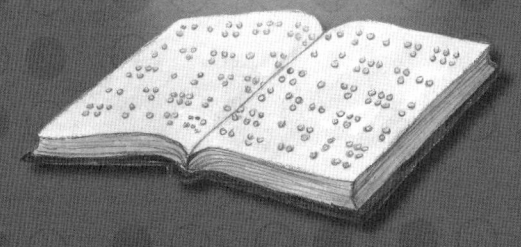

사고

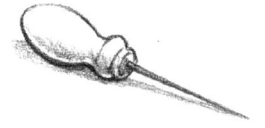

 1812년 어느 여름날이었습니다. 어머니는 형과 누나들을 데리고 시내로 나들이를 가고, 집에는 어린 루이와 아버지만 남았습니다. 늘 북적이던 집이 조용해지자 루이는 심심해서 견딜 수가 없었습니다.
 "루이는 어리니까 안 돼. 한 살만 더 먹으면 같이 가자."
 얄미운 큰누나의 목소리가 아직도 들리는 듯했습니다. 사 남매 중 막내로 태어난 루이는 지난겨울 갓 세 살이 되었습니다. 가족들의 사랑을 한 몸에 받았지만, 형제자매들과 나이 차가 많이 나서 함께 어울리기는 어려웠습니다. 이번에도 루이는 어리다는 이유로 시내 구경을 가지 못했습니다.

집에는 아버지와 루이만 남았습니다. 아버지가 늦잠 자는 틈을 타서 루이는 집 안 이곳저곳을 돌아다녔습니다. 손이 닿는 서랍과 찬장도 다 열어 보았습니다. 그러나 지루하기는 마찬가지였습니다. 루이의 발걸음은 자연스레 마당 건너에 있는 곳간으로 향했습니다.

그 곳간은 아버지의 공방이었습니다. 아버지 시몽 브라이는 루이가 사는 쿠브레이 마을에서 으뜸가는 가죽공이었습니다. 마을 말들의 안장이며 고삐는 다 아버지의 손을 거친 것이었습니다.

"루이, 여기는 너무 위험하니 들어오면 안 된다."

아버지는 엄한 목소리로 이렇게 말하곤 했습니다. 공방은 날카롭고 위험한 물건들로 가득했기 때문입니다.

그런데 마침 아버지는 늦잠을 자고 있었고 공방 문에 달린 자물쇠는 풀려 있었습니다. 살짝 열린 문이 루이에게 들어오라며 손짓하는 것 같았습니다. 루이는 한참을 망설이다가 호기심을 이기지 못하고 공방으로 들어갔습니다.

곳간 문을 열자 아버지만의 멋진 세계가 펼쳐졌습니다. 날카롭게 길을 들여 놓은 공구들과 부드럽고 튼튼한 갖가지 가죽들이 사방에 널려 있었습니다. 루이는 처음으로 공방을 홀로 구경했습니다. 루이는 아버지가 능숙하게 가죽을 다루던 모습을 떠올렸습니다. 송곳으로 가죽을 뚫고 재단하는 아버지의 모습이 눈앞에 그려졌습니다.

루이는 의자를 밟고 아버지의 작업대 위로 올라갔습니다. 마침 아버지가 남겨 놓은 가죽 한 뭉텅이가 있었습니다. 그 옆에는 반짝이는 연장들이 나란히 걸려 있었습니다. 루이는 아버지처럼 멋지게 가죽을 뚫어 보고 싶었습니다. 루이는 당장에 작은 송곳을 쥐고 가죽을 콕콕 찍어 보았습니다.

'나도 아버지처럼 할 수 있을 거야.'

루이는 송곳을 쥔 손에 힘을 주고 더 세게 휘둘러 보았습니다. 그때 송곳이 미끄러지면서 루이의 눈을 찔렀습니다.

"으아앙!"

공방 밖까지 루이의 비명이 들렸습니다.

"루이!"

아버지는 루이의 울음소리에 놀라 방에서 뛰쳐나왔습니다. 하지만 루이는 집 안 어디에도 없었습니다. 아버지는 불길한 예감에 사로잡혀 공방으로 달려갔습니다. 평소 굳게 잠겨 있던 공방 문이 활짝 열려 있었습니다.

이윽고 처참한 광경이 펼쳐졌습니다. 작업대 위에는 피로 얼룩진 가죽과 송곳이 널브러져 있고, 어린 루이가 공방 바닥에 엎드려 울고 있었습니다. 루이의 눈에서는 피가 솟구치고 있었습니다.

"오, 루이! 안 돼!"

아버지는 당황한 나머지 어쩔 줄을 몰랐습니다.

마침 시내에서 돌아온 가족들이 루이의 울음소리를 듣고 달려왔습니다. 루이의 어머니는 피를 흘리는 루이를 보고 그대로 주저앉았습니다. 큰누나가 부랴부랴 깨끗한 물을 가져왔습니다. 식구들은 루이의 눈을 씻기고는 천으로 얼굴을 싸맸습니다. 그 사이 아버지는 의사 선생님을 부르러 집을 나섰습니다.

밤이 어두워서야 도착한 의사 선생님은 루이의 눈을 살펴보더니 얼굴빛이 어두워졌습니다.

"선생님, 우리 루이 괜찮은 거죠?"

루이의 어머니가 간절한 목소리로 물었습니다. 의사 선생님은 차마 식구들의 얼굴을 보지 못했습니다.

"송곳에 너무 깊숙이 찔렸습니다. 머지않아 시력을 잃게 될 겁니다."

의사 선생님이 떠나자 아버지는 어머니와 루이를 두 팔로 감싸 안고 흐느꼈습니다.

"다른 한쪽 눈은 무사해서 다행이야."

그런데 며칠이 지나자 루이의 눈은 나쁜 균에 감염되었습니다. 불행히도, 멀쩡했던 한쪽 눈마저 결국 균이 옮고 말았습니다.

어느 날 아침, 루이가 눈을 뜨자마자 어머니를 찾았습니다.

"엄마, 방 안이 너무 어두워요."

어머니는 가슴이 덜컹 내려앉았습니다. 병원이란 병원은 다 가 보았지만 루이의 눈을 고칠 수 있다는 곳은 어디에도 없었습니다. 시간이 갈수록 루이의 세상은 어두워졌습니다. 햇빛도, 난로에 타는 불길도 희미해졌습니다.

결국 이듬해 네 번째 생일이 다가올 무렵, 루이의 두 눈은 아무것도 볼 수 없게 되었습니다.

"엄마, 루이도 브르통 할아버지처럼 되는 거야?"

루이의 누나 마리가 어머니에게 물었습니다. 어머니는 마리를 호되게 나무랐습니다.

"그런 소리 하면 안 돼! 루이는 다른 아이들과 똑같이 살 수 있어."

당시 쿠브레이에는 나이 든 맹인이 한 명 살고 있었습니다. 바로 브르통 할아버지였습니다. 병으로 눈이 먼 브르통 할아버지는 손녀의 부축을 받으며 집 안에서만 지냈습니다. 문밖을 나섰다가는 돌이며 벽, 사람들에 부딪혀 다치기 일쑤였기 때문입니다. 루이의 부모님은 아들 루이도 브르통 할아버지처럼 늙어 갈까 봐 두려웠습니다.

루이는 더 이상 아침이 오지 않는 세계에 적응해야 했습니다. 한동안 루이는 이리저리 부딪히고 넘어졌습니다. 무릎에는 늘 파랗게 멍이 들었습니다. 이런 루이가 집 밖으로 나간다는 것은 무척 위험한 일이었습니다. 때문에 루이는 동네 친구들과 어울려 놀 수도 없었습니다. 창밖으로 친구들의 웃음소리가 들릴 때마다 루이는 혼자가 된 기분이었습니다.

밖으로 나갈 수 없는 루이는 현관에 앉아 하루를 보냈습니다. 루이는 집 밖에서 나는 소리를 듣는 것으로 위안을 삼았습니다. 눈으로는 볼 수 없으니 '귀로 보아야' 했습니다. 루이는 소리를 수집하듯 주변에서 들리는 모든 소리에 귀를 기울였습니다. 옆집 개가 우렁차게 짖는 소리, 서로 다른 이웃들의 발소리, 집 앞으로 큰 수레가 지나가는 소리……. 루이는 세상에 이토록 많은 소리가 있다는 것을 새삼 깨달았습니다.

"아빠, 저기 알랭이 지나가고 있죠?"

어느 날 루이가 아버지에게 물었습니다. 아버지는 깜짝 놀랐습니다. 정말 꼬마 알랭이 집 앞을 지나고 있었기 때문입니다.

"루이, 앞이 보이니?"

루이는 고개를 절레절레 흔들었습니다.

"아니요, 발소리를 들었어요."

그 무렵 루이는 소리만으로 마을 사람들을 모두 구별할

수 있었습니다. 아버지는 루이가 혼자 힘으로 집을 나설 준비가 됐다고 느꼈습니다. 그래서 자신의 공방으로 가 나무 지팡이 하나를 만들었습니다. 루이의 키에 꼭 맞는 크기였습니다.

다음 날, 루이는 아버지가 만든 지팡이를 손에 쥐고 집을 나섰습니다. 루이의 첫 나들이에 형과 누나들이 동행했습니다. 작은 지팡이는 루이의 또 다른 눈이 되어 주었습니다. 루이는 탁탁탁 바닥을 두드리면서 한 걸음씩 나아갔습니다. 지팡이가 높은 턱이나 돌에 닿으면 조심스럽게 장애물을 피했습니다. 형제들의 부축을 받으며 엎어지고 일어서기를 반복하면서, 루이는 마을의 지리를 익혀 나갔습니다.

'백 걸음 가면 정육점, 스무 걸음 더 가면 토마 아저씨네 집…….'

몇 달이 지나자 루이는 머릿속에 마을 지도를 완성할 수 있었습니다.

혼자서도 집을 나설 수 있게 되자 루이는 가장 먼저 친구들이 공부하는 학교로 갔습니다. 지팡이를 두드리기를 수천 번, 루이는 마침내 학교에 도착했습니다. 루이는 벽을 더듬어 가며 복도로 들어섰습니다. 교실 문틈으로 선생님과 친구들의 목소리가 새어 나왔습니다. 교실에서는 한동안 여러 가지 숫자 이야기가 오가더니 얼마 안 있어 프랑스의 역사 이야기가 들려왔습니다. 마치 마법의 방 같았습니다.

조금 뒤 수업이 끝나고 친구들이 복도로 우르르 몰려나왔습니다. 친구들은 교실 앞에서 기웃거리는 루이를 보고는 큰 소리로 말했습니다.

"루이 아냐? 보지도 못 하면서 학교에 왜 온 거야?"

"하하하!"

루이는 얼굴이 빨개져서 허둥지둥 학교를 빠져나왔습니다. 앞이 안 보여 자꾸만 복도 벽에 부딪히는 루이를 보고 친구들은 더 크게 웃어 댔습니다. 고생 끝에 집으로 돌아왔지만 학교에서 받은 충격은 가시지 않았습니다. 귓가에는 아직도 깔깔거리는 친구들의 웃음소리가 들리는 듯했습니다.

그날 밤, 루이는 어머니 품에 꼭 안겨 서럽게 울었습니다. 하지만 루이는 여전히 학교에 가고 싶었습니다. 친구들의 비웃음을 생각하면 마음이 아팠지만 교실에서 흘러나오던 신기한 이야기들은 잊을 수가 없었습니다.

'나도 꼭 학교에 갈 거야.'

루이는 눈물을 훔치며 다짐했습니다.

팔뤼 신부님

"루이, 정말 도와주지 않아도 괜찮겠니?"

루이는 싱긋 웃더니 옷장을 더듬어 가며 천천히 옷을 갈아입었습니다. 루이의 어머니는 그 모습을 안쓰럽게 지켜보았습니다. 어느새 양말까지 말끔히 갈아 신은 루이가 어머니 앞에 섰습니다.

"어때요, 엄마? 제대로 해냈죠?"

어머니는 의젓한 루이를 꼭 껴안아 주었습니다. 가족들의 우려와 달리 루이는 밝게 자랐습니다. 총명한 루이는 이제 자기 할 일을 식구들의 도움 없이도 척척 해냈습니다. 루이는 집 안에 있는 물건의 위치를 모두 외우고 있다가 식구들이 찾을 때면 가장 먼저 가져다주기도 했습니다. 루이의 부모님은 루이가 씩씩하게 자라는 모습이 대견했습니다. 그러나 가족들에게는 걱정이 한 가지 있었습니다. 바로 하루가 다르게 늘어 가는 루이의 호기심이었습니다.

하루는 형의 손을 잡고 마을을 산책하던 루이가 물었습니다.

"형, 오늘 하늘은 어때? 구름이 가득해?"

"날씨가 아주 좋아. 구름 한 점 없이 파래!"

언제부터인가 루이는 말끝마다 '왜?'를 붙이는 버릇이 생겼습니다.

"근데 하늘은 왜 파란 거야?"

형은 우물쭈물 대답을 피하다가 빽 소리를 질렀습니다.

"조그마한 게……. 하늘은 원래 파란 거야!"

루이의 질문에 시원하게 답해 줄 수 없게 되자, 가족들은 루이의 호기심을 어떻게 풀어 주어야 할지 막막했습니다. 앞을 못 보는 루이는 책을 읽을 수도 없고 학교에 갈 수도 없었기 때문입니다.

그러던 어느 날, 루이가 여섯 살 되던 해에 새 신부님이 쿠브레이로 왔습니다. 덩치가 작고 자상한 팔뤼 신부님이었습니다. 팔뤼 신부님은 마을 사람들과 얼굴을 익히기 위해 쿠브레이의 모든 가정을 방문하기로 했습니다.

"신부님, 특별히 신경 쓰셔야 할 집이 하나 있습니다."

한 사제가 팔뤼 신부님에게 당부했습니다.

"가죽공 브라이 씨네 말입니다. 그 집 막내아들이 몇 년 전에 눈을 다쳐서 앞을 못 본답니다."

얼마 뒤 루이네 집을 방문할 차례가 되자 팔뤼 신부님은 마음이 무거워졌습니다. 그래서 절망에 빠져 있을 루이와 가족들을 위해 기도했습니다. 이윽고 루이네 벽돌집에 다다른 신부님은 조심스럽게 문을 두드렸습니다. 집 안쪽에서 부산하게 움직이는 소리가 들려왔습니다. 그릇과 포크가 맞부딪히는 소리, 흥이 난 아이들의 목소리, 분주한 발소리……. 갑자기 벽돌집이 조용해지더니 천천히 문이 열렸습니다.

"어서 오세요, 신부님."

루이의 부모님이 공손하게 팔뤼 신부님을 맞았습니다.

개구쟁이 아이들은 장난기를 억누르며 한목소리로 인사했습니다. 루이도 들뜬 목소리로 신부님에게 인사했습니다.

"어서 오세요, 신부님!"
"자, 얌전히 식탁에 앉아라."
아버지가 힘주어 말하자 루이의 형제들은 재빨리 자기 자리를 찾아 앉았습니다. 하지만 루이만은 팔뤼 신부님 곁에 가만히 서 있었습니다.

"루이, 너도 어서 앉아야지."
어머니가 루이를 타일렀습니다. 그러자 루이가 배시시 웃으며 말했습니다.

"저는 신부님 옆에 앉을래요."
루이는 손을 뻗어 팔뤼 신부님의 팔을 더듬더니 손을 찾아 꼭 붙잡았습니다. 팔뤼 신부님은 깜짝 놀랐습니다. 루이의 얼굴에서 어두운 그늘이라고는 한 점도 찾을 수가 없었기 때문입니다. 팔뤼 신부님은 해맑은 루이에게서 눈을 뗄 수 없었습니다.

그날 저녁 팔뤼 신부님은 루이네 가족과 함께 식사하며

여러 가지 이야기를 들려주었습니다. 물음표를 달고 사는 꼬마 루이의 질문이 이어졌습니다.

"신부님, 신부님! 우리 마을에 오시기 전에는 어디에 계셨어요? 여행도 하셨나요?"

"루이, 신부님을 괴롭히면 못써. 신부님이 편하게 식사 하시도록 조용히 있으렴."

어머니가 루이를 타일렀습니다.

"하하. 괜찮습니다, 브라이 부인."

팔뤼 신부님은 루이의 질문 세례에 하나하나 자세히 대답해 주었습니다. 따뜻한 남부 프랑스를 여행하던 시절부터 젊은 날 사제 교육을 받았던 이야기까지……. 루이는 따뜻한 난롯가에서 듣는 신부님의 이야기에 흠뻑 빠져들었습니다. 팔뤼 신부님 덕분에 루이네 집은 작은 천국이 된 것 같았습니다. 어느덧 깜깜한 밤이 되자, 신부님은 자리에서 일어났습니다.

"더 있다가 가시면 안 돼요, 팔뤼 신부님?"

루이가 신부님의 손을 놓지 않고 말했습니다. 팔뤼 신부님은 루이의 보드라운 머리를 쓰다듬으며 말했습니다.

"나도 아쉽구나, 루이. 하지만 우린 주일마다 성당에서 만날 수 있어."

루이의 집을 방문한 지 며칠이나 지났는데도 팔뤼 신부님은 천진하고 총명한 루이가 자꾸만 떠올랐습니다.

'앞을 볼 수 없다는 이유로 저 영특한 아이를 그냥 내버려 둬서는 안 돼.'

어느 일요일, 팔뤼 신부님은 누나들의 손을 잡고 미사에 온 루이에게 말했습니다.

"루이야, 내일부터 아침마다 성당에 나오너라. 나와 같이 공부하자꾸나."

"정말요, 신부님?"

루이는 팔짝팔짝 뛰며 좋아했습니다.

다음 날부터 루이는 침대에서 일어나자마자 지팡이를 챙겨 집을 나섰습니다. 한참 만에 성당에 도착했지만 루이는 신부님과 보내는 시간이 행복하기만 했습니다.

팔뤼 신부님은 루이에게 성경과 역사책을 읽어 주었습니다. 루이는 신부님의 오래된 책에서 나는 종이 냄새를 좋아했습니다. 또 신부님의 음성은 어찌나 부드러운지,

그 목소리에 귀를 기울이다 보면 어느새 신부님이 들려주는 이야기에 풍당 빠져들었습니다.

"프랑스의 역사는 어떻게 시작된다고 했지, 루이?"

"아주 옛날에 골족이라는 민족이 이곳에 와서 살았어요. 그때부터 프랑스가 시작됐죠!"

신부님의 질문에 루이가 술술 답했습니다. 루이는 신부님이 지나가듯 말한 것도 빠짐없이 기억할 정도로 총명했습니다. 팔뤼 신부님은 루이를 학교에 보내야겠다고 마음먹었습니다.

수업을 마치면 팔뤼 신부님과 루이는 꼭 마을을 한 바퀴 산책했습니다. 그날도 신부님과 루이는 평화롭게 마을 언덕길을 오르고 있었습니다. 언덕 꼭대기에 다다르자 신부님이 조심스레 입을 열었습니다.

"루이, 친구들처럼 학교에 가고 싶지 않니?"

마른 흙길을 두드리던 루이의 지팡이가 멈췄습니다. 학교라니! 학교에 가는 것은 어린 루이의 가장 커다란 꿈이었습니다. 루이는 지팡이를 떨어뜨린 줄도 모르고 신부님의 다리를 꼭 껴안았습니다.

"꼭 가고 싶어요, 신부님!"

팔뤼 신부님이 루이의 머리를 쓰다듬으며 물었습니다.

"지난번에 학교에 갔다가 친구들에게 놀림을 받았다고 했지?"

루이는 주눅이 든 목소리로 말했습니다.

"네……."

"학교에 가면 또 놀림을 당할지도 모르는데 괜찮겠니?"

루이는 세차게 고개를 끄덕였습니다. 여전히 친구들이 두려웠지만 학교에 가고 싶은 마음만은 굴뚝같았습니다.

얼마 뒤 팔뤼 신부님은 학교에 찾아가 앙투안 베슈레 선생님을 만났습니다. 신부님은 베슈레 선생님에게 루이의 딱한 사정과 뛰어난 재능에 대해 이야기했습니다.

"그 아이는 배우고자 하는 열의로 가득 차 있어요. 루이가 학교에 다닐 수 있도록 꼭 도와주십시오."

팔뤼 신부님이 돌아가자 베슈레 선생님은 곰곰이 생각에 잠겼습니다. 한 번도 맹아를 가르쳐 본 적이 없는 베슈레 선생님은 걱정이 앞섰습니다.

'눈이 먼 아이가 학교에서 공부할 수 있을까? 책도 읽지 못할 텐데…….'

루이가 다른 학생들과 잘 어울릴 수 있을지도 미지수였습니다. 철없는 아이들의 놀림에 루이가 상처를 받을 수도 있었습니다. 하지만 베슈레 선생님은 팔뤼 신부님의 끈질긴 설득과 부탁을 외면할 수 없었습니다.

베슈레 선생님은 일단 루이의 입학을 받아들이기로 했습니다. 학교에 적응하는 것은 루이의 몫이었습니다. 그리고 루이가 학업을 언제든 포기한다고 요청하면 자퇴를 허락하기로 했습니다.

"학교 다녀오겠습니다!"

1816년 일곱 살이 된 해 가을, 루이는 말끔하게 다린 옷을 입고 집을 나섰습니다. 가족들 모두 루이의 첫 등교를 배웅했습니다.

떨리는 마음으로 도착한 학교는 신기한 소리와 냄새로 가득했습니다. 학생들의 왁자지껄한 웃음소리와 이리저리 뛰어다니는 발소리가 루이를 에워쌌습니다.

루이가 복도로 들어서자 탕탕탕 지팡이 소리가 크게 울

렸습니다. 신 나게 복도를 뛰어다니던 아이들의 시선이 한꺼번에 루이에게 집중됐습니다.

"어라, 장님 루이 아냐?"

누군가 재미있다는 듯이 외쳤습니다. 그 소리를 들은 아이들이 깔깔거리며 웃었습니다.

탕탕탕!

하지만 루이는 일부러 더 큰 소리를 내며 지팡이를 두드렸습니다. 한참 만에 교실을 찾은 루이는 선생님이 올 때까지 교실 앞에 가만히 서 있어야 했습니다.

"정말 안 보여? 내 손가락이 몇 개인지 맞혀 봐."

"할아버지도 아니고 웬 지팡이야?"

아이들이 루이를 에워싸고 수군댔습니다. 눈물이 왈칵 쏟아지려던 순간 베슈레 선생님이 교실로 들어왔습니다.

"자, 모두 자리에 앉아라!"

루이 주위에 몰려들어 있던 아이들이 우르르 제자리로 돌아갔습니다. 베슈레 선생님은 빈 책상에 루이를 데려다 앉혔습니다.

"루이, 학교에 온 이상 마음을 단단히 먹어야 한다."

베슈레 선생님이 루이에게만 들릴 정도로 나지막이 말했습니다. 루이는 눈물을 훔치고 자세를 고쳐 앉았습니다. 드디어 수업이 시작되었습니다. 루이는 누구보다 귀 기울여 수업을 들었습니다. 수업에 집중하다 보니 친구들의 놀림도 잊혔습니다.

그러던 어느 날, 문학 수업 시간에 선생님이 질문을 던졌습니다.

"지난 시간에 배운 희곡 『돈 후안』을 쓴 작가 이름, 아는 사람?"

교실은 쥐 죽은 듯 조용해졌습니다. 오직 루이만이 손을 들고 있었습니다.

"몰리에르요. 그는 『타르튀프』라는 작품도 썼어요."

루이가 멋지게 대답했습니다. 선생님은 루이를 흐뭇하게 바라보았습니다. 아이들도 모두 놀란 눈으로 루이를 쳐다보았습니다.

루이는 보이지 않는 노력을 계속했습니다. 수업 시간에는 선생님의 말씀을 통째로 외워 읊조리고, 집에서는 형, 누나들 앞에서 배운 내용을 그대로 따라 했습니다. 날이

갈수록 루이는 학업에 남다른 두각을 나타냈습니다. 그러자 친구들의 조롱 어린 시선도 조금씩 사라졌습니다.

하지만 루이에게는 아무리 노력해도 할 수 없는 것이 있었습니다. 바로 글을 읽는 것이었습니다. 친구들이 책을 펼쳐 읽을 때마다 루이는 벙어리가 되어야 했습니다.

밤이 되면 루이는 침대 위에 누워 학교에서 가져온 책을 한참 동안 더듬었습니다. 킁킁 냄새를 맡아 보기도 했습니다. 그러나 네모난 책의 모양만 느껴질 뿐, 까슬까슬한 종이 위에 도대체 무엇이 적혀 있는지 알 수가 없었습니다.

'손가락 끝에 눈이 달려 책을 읽을 수만 있다면!'

루이는 책 속에 들어 있는 수많은 지식과 신 나는 모험담들이 너무나 궁금했습니다. 하지만 앞을 볼 수 없는 이상 황제의 서재를 갖게 된대도 아무 소용이 없었습니다.

홀로서기

"한 푼만 줍쇼, 나리……."

주일 미사를 마치고 나올 때면 동네 맹인들이 성당 앞마당에 몰려들어 있었습니다. 구걸을 해서 한 푼이라도 더 얻기 위해서였습니다. 루이의 부모님은 그때마다 가지고 있는 동전 몇 닢을 맹인들에게 주었습니다.

"루이도 저 사람들처럼 살게 되면 어쩌죠?"

루이가 학교를 졸업할 때가 되자 루이의 어머니는 아들의 장래가 걱정되었습니다.

"루이는 학교도 다니면서 의젓하게 자라고 있지 않소? 자기 앞가림쯤은 거뜬히 해낼 거요."

아버지도 가슴이 아프기는 마찬가지였지만 애써 어머니를 위로했습니다.

팔뤼 신부님도 루이의 사정을 안타깝게 여겼습니다. 그러던 어느 날, 파리에 살던 신부님의 친구가 쿠브레이를 방문했습니다. 팔뤼 신부님은 친구와 이런저런 이야기를 나누다 루이의 이야기를 들려주게 되었습니다.

"자네, 그 아이에 대해 왜 일찍 말하지 않았나?"

팔뤼 신부님의 친구가 펄쩍 뛰며 말했습니다.

"파리에는 나라에서 설립한 왕립 맹아 학교가 있네. 그곳에서는 맹아들에게 학문뿐 아니라 여러 가지 기술을 가르친다네."

팔뤼 신부님은 깜짝 놀랐습니다.

'맹아들만 모아 가르치는 학교라고?'

며칠 뒤 팔뤼 신부님은 친구의 말을 확인하기 위해 서둘러 파리로 떠났습니다.

어느 토요일 저녁, 누군가 루이네 집 문을 다급하게 두드렸습니다. 파리에서 막 돌아온 팔뤼 신부님이었습니다. 신부님은 무척 들뜬 표정이었습니다.

"브라이 씨, 루이를 파리로 보내야 합니다."

'파리'라는 말에 가족들은 깜짝 놀랐습니다. 신부님은 왕립 맹아 학교에 다녀온 이야기를 들려주었습니다. 왕립 맹아 학교에서는 학생들에게 직접 옷과 신발을 만드는 기술을 가르치고, 바이올린이나 피아노 같은 악기를 연주하는 법도 가르쳤습니다. 학교를 졸업한 학생들은 공방에 들어가 가죽신을 만드는 장인이 되거나 성당에서 오르간을 연주하는 일을 할 수 있었습니다. 하지만 가장 놀라운 일은 따로 있었습니다.

"왕립 맹아 학교는 학생들에게 글자를 가르칩니다. 책장을 넘기며 한목소리로 글을 읽는 아이들을 제 눈으로 직접 보고 왔답니다."

그러나 루이의 부모님은 루이 홀로 파리에서 지내야 한다는 사실에 걱정이 앞섰습니다.

"하지만 파리같이 큰 도시에 루이를 혼자 보낼 순 없어요."

루이의 어머니가 말했습니다. 그러나 루이의 가슴은 쿵쾅쿵쾅 뛰고 있었습니다. 혼자 힘으로 책을 읽을 수 있다면 파리가 아니라 바다 건너 런던에라도 갈 수 있었습니다.

"엄마 아빠, 저 꼭 파리에 가고 싶어요."

불안해하는 부모님에게 루이가 간절한 목소리로 말했습니다. 결국 부모님은 왕립 맹아 학교가 입학을 허락한다면 루이의 파리행을 지원하기로 했습니다. 팔뤼 신부님은 이곳저곳을 뛰어다니며 루이를 위해 애썼습니다. 그는 가까스로 마을의 귀족 도르빌리에 후작에게 루이의 왕립 맹아 학교 입학 추천서를 받을 수 있었습니다.

얼마 뒤 왕립 맹아 학교로부터 한 통의 전보가 날아왔습니다. 봉투 속에는 짤막한 편지가 들어 있었습니다. 루이의 운명을 바꿀 편지였습니다. 모니크 누나와 마리 누나가 서로 먼저 편지를 읽겠다고 실랑이를 벌였습니다. 떨리는 마음에 루이가 보챘습니다.

"뭐라고 써 있어, 누나? 빨리 읽어 줘."

편지를 차지한 모니크 누나가 큰 목소리로 편지를 읽었습니다.

"루이 브라이 군의 입학을 환영합니다. 브라이 군의 우수한 성적과 재능을 감안해 장학금도 제공하겠습니다!"

가족들은 루이를 부둥켜안고 탄성을 질렀습니다. 루이는 기뻐서 날아갈 것만 같았습니다. 그날 밤 루이는 가슴이 두방망이질 쳐 한숨도 잘 수 없었습니다.

1819년 어느 겨울 아침, 루이와 아버지는 가족들의 배웅을 받으며 마차에 올랐습니다. 루이는 아버지가 만들어 준 커다란 가죽 가방을 들고 창가 쪽에 앉았습니다.

"잘 다녀와, 루이!"

"건강해야 해!"

그토록 바라던 파리행이었지만 가족들과 헤어진다고 생각하니 눈물이 왈칵 쏟아졌습니다. 루이는 가족들의 목소리가 멀어질 때까지 오랫동안 손을 흔들었습니다. 어느새 말발굽 소리와 요란한 바퀴 소리만 남자, 루이는 비로소 정든 고향을 떠난 것을 실감했습니다.

반나절을 꼬박 달리던 말들이 거칠게 콧김을 내쉬며 멈춰 섰습니다. 이내 늙은 마부가 소리쳤습니다.

"워워, 이제 다 왔소!"

루이는 아버지의 손을 잡고 조심스레 마차에서 내렸습니다. 루이의 코끝에 회색빛의 매캐한 공기가 와 닿았습니다. 번잡한 소음에 귀가 먹먹해졌습니다. 루이는 여태껏 경험하지 못한 새로운 세계에 들어왔다는 걸 깨달았습니다. 다리가 절로 후들거렸습니다.

"루이, 겁내지 마라."

루이는 아버지의 손에 이끌려서 왕립 맹아 학교에 들어섰습니다. 낡은 건물은 기분 나쁜 곰팡이 냄새와 선뜩한 냉기로 가득했습니다. 교사의 안내에 따라 학교 구석구석을 둘러본 루이와 아버지는 기숙사에 도착해 짐을 풀었습니다. 말이 기숙사일 뿐 전교생 수십 명이 함께 쓰는 커다란 방이었습니다. 아버지는 루이를 침대에 눕혔습니다.

"아빠, 무서워요."

아버지는 잔뜩 겁을 먹은 루이의 이마에 입을 맞추었습니다.

"루이, 아빠는 네가 잘 해내리라 믿는다."

아버지의 부드러운 목소리에 루이는 한결 마음이 가벼워졌습니다. 아버지는 루이가 잠들 때까지 머리맡에 있어 주었습니다. 다음 날 아침, 건물을 흔드는 종소리에 눈을 떴을 때 루이는 혼자였습니다.

거대한 학교 건물 안에서 루이는 한동안 넘어지고 부딪히기를 반복했습니다. 왕립 맹아 학교 건물은 프랑스 혁명 전까지 죄수들을 가두는 감옥으로 사용되던 곳이었습니다. 크고 음침하고 복잡한 학교 건물은 루이처럼 앞을 볼 수 없는 아이에게는 여전히 '감옥'이나 다름없었습니다.

'하나, 둘, 셋, 넷…….'

루이는 걸음을 세어 가며 머릿속에 학교의 지도를 그리려고 애썼습니다. 하지만 건물이 너무 넓어 자꾸만 걸음 수를 잊어버리기 일쑤였습니다. 교실과 교실 사이가 오십 걸음도 더 될 때도 있었습니다. 머릿속 지도를 지우고 다시 그릴 때마다 루이는 미로에 갇힌 기분이었습니다.

"으아아!"

어느 날 밤, 쩌렁쩌렁한 울음소리에 놀란 교사들이 잠옷 바람으로 기숙사로 달려왔습니다. 학교를 뒤흔든 울음소리의 주인공은 바로 루이였습니다. 루이는 흥건히 젖은 침대보 위에서 엉엉 울고 있었습니다. 교사들은 루이에게서 나는 고약한 냄새에 코를 막았습니다. 루이의 침대는 오줌 바다가 되어 있었습니다.

"아니, 이 녀석이! 침대가 아주 못 쓰게 돼 버렸잖아!"

교사들은 짜증을 내며 침대보를 걷어 냈습니다. 루이는 더욱 서럽게 울었습니다.

"화장실이 어딘지 모르겠는걸요."

종일 오줌을 참고 있던 루이가 잠결에 실수를 하고 만 것입니다. 선생님께 호되게 야단을 맞고 복도로 쫓겨난 루이는 아무도 없는 복도에 주저앉아 흐느껴 울었습니다. 그런데 어둠 속에서 문이 끼익 열리더니 한 소년이 루이를 향해 다가왔습니다.

"너, 신입생 맞지? 이름은 루이 브라이이고."

루이는 고개를 끄덕였습니다. 누군가 자신의 이름을 친근하게 불러 주는 것이 아주 오래전 일처럼 느껴졌습니다. 소년은 훌쩍이고 있는 루이를 위로했습니다.

"나는 고티에라고 해. 가브리엘 고티에. 그런데 너, 어디 있니?"

"여기 있어."

고티에와 루이는 서로의 목소리가 들리는 방향으로 손을 뻗었습니다. 고티에의 큰 손이 루이의 손에 닿았습니다다. 고티에는 조심스럽게 루이를 일으켰습니다.

"여기 처음 온 학생들은 다들 너처럼 사고를 치곤 해."

고티에가 루이의 등을 다정하게 토닥였습니다. 루이에게 첫 친구가 생긴 순간이었습니다.

다음 날 루이는 고개를 푹 숙이고 교실로 들어갔습니다. 그러나 학생들은 루이를 놀리기는커녕 따뜻하게 대해 주었습니다.

"루이, 부끄러워할 필요 없어."

"이불에 지도 한 번 그려 봐야 제대로 된 왕립 맹아 학교 학생이라고 할 수 있지!"

간밤의 사건을 계기로 루이는 많은 친구를 사귈 수 있었습니다. 그중 고티에와는 가장 친한 친구가 되었습니다.

왕립 맹아 학교 학생들은 언어, 과학, 철학 등 깊이 있는 학문을 배웠습니다. 루이는 학교에서 나이가 가장 어렸지만, 밤마다 복습을 하며 어려운 수업을 금세 따라잡았습니다. 하지만 루이가 두각을 나타낸 과목은 따로 있었습니다. 바로 지하 작업장에서 진행되는 공작 수업이었습니다.

"이야! 루이, 너 최고다. 선생님, 루이가 만든 것 좀 보세요!"

고티에가 루이가 박음질한 슬리퍼 바닥을 더듬어 보더니 외쳤습니다. 선생님이 다가와 루이의 슬리퍼를 살펴보았습니다.

"정말이구나. 당장 내다 팔아도 손색이 없겠어."

선생님이 놀란 눈으로 말했습니다. 가죽공인 아버지의 재주를 그대로 물려받은 루이는 공작 수업을 훌륭히 해낼 수 있었습니다. 덕분에 루이는 슬리퍼 만들기와 뜨개질 부문에서 늘 일등을 도맡았습니다.

바쁜 일과 속에서 하루하루가 빠르게 지나갔습니다. 어느덧 첫 학기가 끝나 가고 있었습니다. 그 무렵 루이에게 편지가 한 통 왔습니다. 제법 무거운 봉투 안에서는 짤랑거리는 소리가 났습니다. 봉투를 뜯어보니 동전들이 들어 있었습니다. 루이는 동전과 함께 들어 있는 편지를 선생님에게 보여 주었습니다. 선생님은 루이에게 편지를 읽어 주었습니다.

루이 브라이 씨에게

브라이 씨가 만든 신발이 좋은 값에 팔렸습니다. 신발 값을 보내 드립니다.

— 페터 구두점

루이는 온종일 편지를 들고 다녔습니다. 아무라도 붙잡고 자랑하고 싶은 걸 꾹 참았습니다.

'다른 일들도 내 힘으로 할 수 있을 거야. 내 힘으로……'

루이의 진정한 홀로서기가 시작된 순간이었습니다.

손끝으로 읽다

 루이가 왕립 맹아 학교에 다니기로 마음먹은 가장 큰 이유는 글자를 읽고 쓰는 기적을 경험하기 위해서였습니다. 입학한 지 일주일쯤 지난 뒤부터 루이는 고대하던 읽기 수업을 듣게 되었습니다.
 "다들 앞으로 나와서 이 책을 만져 보아라."
 선생님의 목소리에 학생들이 교실 앞으로 나갔습니다.
 '만져 보라고? 읽기 시간인데 왜 책을 만지라는 걸까?'
 루이는 어리둥절했지만 일단 교탁을 향해 손을 뻗어 보았습니다. 선생님은 학생들의 손을 끌어 교탁 위에 놓인 커다란 책을 만지게 했습니다. 루이는 깜짝 놀랐습니다.

생전 이렇게 큰 책은 처음이었습니다. 굵은 표지를 넘기자 종이 위로 볼록하게 솟은 글자들이 느껴졌습니다. 바로 '돋음 문자'였습니다.

"우리 학교를 세우신 발랑탱 아위 씨는 시각 장애인들도 글을 읽고 쓸 줄 알아야 한다고 생각하셨다. 그래서 알파벳을 찍어 돌출시킨 돋음 문자를 만드셨지."

루이와 학생들은 손끝에 온 정신을 집중시키고 돋음 문자를 익혔습니다. 루이는 금세 알파벳에 매혹되었습니다. A, B, C, 서로 다른 알파벳들은 제각각 독특한 향기와 질감으로 이루어진 것만 같았습니다.

"C는 새콤한 맛이 날 것 같아. O는 입안에서 살살 녹을 것 같고······."

글자를 처음 접한 학생들은 저마다 아름다운 표현으로 알파벳을 예찬했습니다. 여러 가지 알파벳을 나열해 만든 '단어'는 각종 재료가 들어간 맛 좋은 요리 같았고, 단어를 모아 만든 '문장'은 성대한 저녁 만찬 같았습니다. 한미디로 글자라는 것은 환상적이었습니다!

쓰기 수업은 돋음 문자로 익힌 알파벳을 펜으로 쓰는

시간이었습니다. 학생들은 알파벳이 찍힌 종이 뒷면을 손끝으로 더듬어 그 모양을 외웠습니다. 손바닥만큼 커다란 돋음 문자를 일일이 더듬어 익히는 것이 결코 쉽지는 않았지만 루이는 누구보다 열심이었습니다. 이윽고 루이는 난생처음으로 글자를 적었습니다. 루이가 쓴 첫 번째 단어는 'Louis Braille(루이 브라이)', 바로 자신의 이름이었습니다.

이름 쓰는 법을 배운 루이는 손이 닿는 곳마다 자신의 이름을 적었습니다. 가죽 가방, 공책과 책상에도 삐뚤빼뚤하게 이름을 적었습니다. 어느새 루이의 소지품마다 이름이 적히지 않은 것이 없었습니다. 정작 글자를 쓴 루이는 소지품에 가득한 자신의 이름을 볼 수 없었지만 마음만은 세상을 다 가진 듯했습니다.

그런데 얼마 안 가 학생들의 원성이 터져 나왔습니다.

"글을 빨리 읽고 싶은데 너무 헷갈려!"

기존의 알파벳 모양을 그대로 옮긴 돋음 문자는 손끝으로 빠르게 읽기가 어려웠습니다. 게다가 글자가 너무 커서 'I'와 'T', 'O'와 'Q' 등 모양이 비슷한 철자를 구별하기 어려웠습니다. 학기가 끝나 갈 때쯤, 대부분의 학생들은 글자 읽기를 포기했습니다.

그러나 루이는 매일 도서관에 들러 몇 권 안 되는 돋음 문자 책을 읽고 또 읽었습니다. 한 문장을 읽는 데에도 한참이 걸렸지만, 루이는 글자를 읽을 수 있다는 것 자체가 행복했습니다. 학교에 있는 몇 권 안 되는 돋음 문자 책을 금세 다 읽은 루이는 용기를 내 담임 선생님을 찾아갔습니다.

"선생님, 학생들이 읽을 수 있도록 돋음 문자 책을 더 사 주실 수 있나요?"

담임 선생님은 귀찮은 듯 말했습니다.

"돋음 문자 책이 얼마나 비싼 줄 아니? 우리 학교의 사정으로는 돋음 문자 책을 더 살 수 없단다."

당시 돋음 문자 책을 찍어 내는 데에는 엄청난 비용이 들었습니다. 특수한 알파벳 활자와 많은 양의 종이가 필요했기 때문입니다. 때문에 왕립 맹아 학교의 작은 도서관에는 돋음 문자로 만든 책이 몇 권밖에 없었습니다.

학교에 있는 모든 돋음 문자 책을 눈을 감고도 외울 정도로 읽은 루이는 새로운 책을 읽고 싶은 마음이 간절했습니다. 그러던 어느 주말, 루이는 수업이 없는 틈을 타 몰래 학교를 빠져나가기로 했습니다. 조심스레 지팡이를 두드리며 교문을 나서려는데 누군가 루이의 손을 덥석 잡았습니다.

"루이, 너 어디 가는 거야? 시내는 우리가 다니기 위험해!"

친구 가브리엘 고티에였습니다. 루이는 안도의 숨을 내쉬고 고티에에게 소곤소곤 말했습니다.

"돋음 문자 책을 읽으러 가. 국립 도서관에는 나라에서 출판된 모든 돋음 문자 책이 있다고 들었거든."

고티에는 안절부절못하며 망설이다가 루이를 따라가기로 했습니다.

"루이, 너한테 무슨 일이라도 생기면 나까지 혼날 거야. 그러니까 같이 가."

루이와 고티에는 서로의 손을 꼭 잡고 천천히 도서관으로 향했습니다.

"국립 도서관에 어떻게 가야 하나요?"

행인들은 앞을 못 보는 두 소년이 도서관을 찾는다는 소리에 깜짝 놀라거나 고개를 갸웃거렸습니다. 혀를 끌끌 차기도 했습니다. 두 친구는 길을 묻고 또 물으며 힘겹게 국립 도서관에 도착했습니다. 무거운 문을 열고 도서관에 들어서자, 루이의 코끝에 오래된 종이 냄새가 와 닿았습니다. 도서관에는 이미 수많은 사람들이 책을 읽기 위해 와 있었습니다. 루이는 사서의 안내를 받아 마침내 돋음 문자 책이 있는 서가에 도착했습니다. 루이는 설레는 마음으로 책들을 더듬어 보았습니다. 그런데 이상했습니다. 서가에는 열댓 권의 돋음 문자 책뿐이었습니다.

"여기 있는 책이 전부인가요?"

루이는 떨리는 목소리로 사서에게 물었습니다.

"그래, 꼬마야. 이만하면 충분하지?"

평생 읽을 수 있는 책이 고작 몇 권뿐이라니, 온몸의 힘이 쭉 빠졌습니다. 오직 새로운 지식을 얻고 책을 읽기 위해 파리에 온 루이는 배신이라도 당한 것 같았습니다.

"루이…… 너무 실망하지 마."

고티에의 손에 이끌려 도서관을 나서려던 루이는 문득

다른 서가로 다가갔습니다. 앞을 볼 수 없는 루이에게는 아무 의미가 없는 책들이었지만, 루이는 서가의 책을 한 권, 한 권 더듬어 보았습니다.

"그 책들은 네가 볼 수 없는 것들이란다."

루이는 사서의 말을 무시하고 책을 더듬어 나갔습니다.

'하나, 둘, 셋, 넷…….'

하나둘 세기 시작한 책들은 어느새 백 권을 넘었습니다. 책장 한 칸에 있는 책을 다 세면 바로 다음 칸이 이어졌습니다. 아무리 세도 끝이 없는 책 무더기에 아득해졌습니다. 루이는 책을 세는 것도 잊고 끝없이 늘어선 서가 사이를 말없이 걸었습니다. 손끝에는 이름 모를 책들이 수도 없이 스쳤습니다.

'세상에는 이렇게 책이 많은데…….'

문득 멈춰 선 루이는 책 한 권을 뽑아 펼쳐 보았습니다. 그러고는 책 사이에 얼굴을 묻고 깊이 숨을 들이마셨습니다. 루이의 두 눈에서 굵은 눈물이 떨어졌습니다. 참으려 해도 자꾸만 눈물이 솟았습니다.

당시 프랑스 국립 도서관에는 삼십 만 권이 넘는 책이

있었습니다. 천장까지 빼곡히 들어선 책장에는 수많은 책들이 자리를 잡고 있었습니다. 마치 울창한 책의 숲 같았습니다. 그러나 그중 루이 같은 시각 장애인들이 읽을 수 있는 책은 열댓 권도 되지 않았습니다.

도서관에 다녀온 뒤 루이는 한동안 풀이 죽어 지냈습니다. 그러다 갑자기 이런 생각이 들었습니다.

'돋음 문자보다 쉬운 문자를 만들 수 없을까?'

읽고 쓰기 쉬운 문자를 만들면 책을 만드는 데 훨씬 적은 돈이 들 것이고, 그러면 시각 장애인들도 수많은 책을 읽을 수 있다는 생각이 들었습니다. 새로운 문자를 만든다는 생각은 좀처럼 루이의 머릿속에서 떠나지 않았습니다.

그러다 얼마 뒤, 루이는 자신의 인생을 바꿀 두 번째 문자를 만나게 되었습니다. 1821년 어느 날, 루이는 몇 명의 친구들과 함께 영문도 모른 채 교장실로 불려 갔습니다. 교장 선생님이 학생들에게 말했습니다.

"친애하는 바르비에 대위께서 우리 학교를 찾아 주셨다. 대위께서는 직접 만든 문자를 우리 학교에서 사용하길 바라신다. 오늘 너희에게 대위님이 발명한 '야간 문자'

를 알려 줄 텐데, 과연 우리 학생들이 이 문자를 잘 쓸 수 있을지 의논해 보자꾸나."

루이는 새로운 문자라는 말에 가슴이 뛰었습니다. 안 그래도 더 쉬운 문자를 갈망하던 루이에게 새로운 문자의 출현은 운명처럼 느껴졌습니다.

샤를 바르비에 대위가 발명한 야간 문자는 열두 개의 점으로 이루어진 문자였습니다. '소노그래피'라고도 불리는 야간 문자는 일종의 암호로, 군인들이 어둠 속에서 작전이나 명령을 읽고 쓸 수 있도록 만든 것이었습니다.

교장 선생님은 야간 문자의 원리를 학생들에게 가르쳐 주었습니다. 루이는 손을 뻗어 종이 위에 찍힌 오톨도톨한 점자를 만져 보았습니다.

'그렇지, 점을 사용하는 방법이 있었구나!'

루이는 놀라 입을 다물 수 없었습니다. 간단한 점으로 된 야간 문자는 무척 강렬했습니다. 알파벳의 모양을 그대로 사용한 돋음 문자와는 비교할 수 없이 단순했기 때문입니다. 그날로 루이와 친구들은 야간 문자를 일상에서 사용하기 시작했습니다. 학생들은 종이와 자, 송곳을 마련했습니다. 야간 문자를 만나게 된 학생들은 점을 찍고 읽는 재미에 푹 빠졌습니다. 루이도 친구들과 간단한 단어들을 써서 주고받았습니다. '안녕', '잘 자'처럼 별 의미가 없는 말들이었지만 학생들은 글자를 사용할 수 있다는 사실이 즐겁기만 했습니다.

"아휴, 점이 너무 많이 필요해! 불편해서 못 쓰겠어."

그러나 야간 문자를 사용한 지 얼마 안 되어 여기저기서 불만이 터졌습니다. 야간 문자는 알파벳이 아닌 '소리'를 표기하는 원리로 발명되었습니다. 그런데 프랑스어에는 수많은 소리와 발음이 존재했기 때문에 야간 문자로 단어 하나를 쓰려면 무수한 점들이 필요했습니다. 그래서 긴 단어나 문장을 적을 때에는 너무 많은 시간이 걸렸습니다. 개별적인 철자나 문장 부호, 숫자를 적을 방법도 없었습니다. 얼마 안 가 야간 문자는 학생들 사이에서 수명을 달리하고 말았습니다.

하지만 루이는 야간 문자를 포기하고 싶지 않았습니다. 언어를 점으로 표현한다는 바르비에 대위의 발상은 기가 막힌 것이었습니다. 친구들이 새로운 글자에 등을 돌리는 와중에도 루이는 야간 문자의 단점을 극복할 방법을 연구했습니다.

"루이, 안 자?"

한밤중 어디선가 톡톡 종이에 구멍을 내는 소리가 들리면 친구들은 어련히 루이이겠거니 했습니다. 루이는 밤잠을 설쳐 가며 침대 위에 앉아 점자를 뚫었습니다. 루이는 야간 문자를 보다 쉽게 만들고자 했습니다. 루이가 야간 문자를 연구하고 있다는 소식은 금세 피니에 교장 선생님의 귀에도 들어갔습니다. 어느 날, 교장 선생님이 루이를 불렀습니다.

"브라이 군, 며칠 뒤에 바르비에 대위께서 학교에 다시 방문하신다네. 자네가 한번 만나 볼 텐가?"

루이는 이번 기회를 놓치고 싶지 않았습니다.

'대위님과 점자에 대해 많은 이야기를 나눌 수 있을 거야!'

루이는 맹인들에게 야간 문자를 선물한 바르비에 대위를 어서 만나 보고 싶었습니다.

드디어 바르비에 대위가 왕립 맹아 학교를 방문하는 날

이 되었습니다. 루이는 설레는 마음으로 응접실에 들어섰습니다. 응접실은 매캐한 담배 연기로 자욱했습니다. 루이가 정중히 인사하고 자신을 소개하자 바르비에 대위가 기다렸다는 듯 쏘아붙였습니다.

"네가 브라이인지 뭔지 하는 녀석이구나. 교장 선생님께 네 이야기를 들었다. 도대체 야간 문자를 쓰기 어렵다는 이유가 뭐냐?"

바르비에 대위의 권위적인 말투에서 루이는 그가 자신의 의견을 들을 생각이 없다는 것을 직감했습니다. 그래도 루이는 차근차근 야간 문자의 맹점에 대해 설명했습니다. 그러나 바르비에 대위는 듣는 둥 마는 둥 짙은 담배 연기만 훅훅 내뱉었습니다.

"지금까지 말씀드린 부분을 고치면 야간 문자를 사용하기 훨씬 쉬울 것입니다."

루이는 설명을 마치고 바르비에 대위의 반응을 기다렸습니다. 루이의 목 뒤로 식은땀이 흘렀습니다. 대위는 그럴듯한 루이의 말에 망설였습니다. 하지만 대위에게는 점자보다 자존심이 중요했습니다. 어린 소년이, 그것도 앞을 보지 못하는 맹아가 자신을 가르치려 든다는 생각에 대위는 참을 수가 없었습니다.

"미안하지만 난 야간 문자를 고칠 생각이 없다."

바르비에 대위는 짜증 섞인 목소리로 말했습니다. 루이의 마음이 덜컥 내려앉았습니다.

"하지만 대위님!"

"시끄럽다. 야간 문자가 어렵다면 쓰지 않으면 될 것이지, 건방지게 참견을 하다니……."

대위는 루이의 말을 더는 듣지 않고 자리를 떠났습니다. 꽝 하고 문이 닫히자 응접실에는 정적만 가득했습니다. 마지막 희망을 걸었던 야간 문자가 루이에게서 떠나가는 순간이었습니다.

기숙사로 돌아온 루이는 거센 눈보라를 맞고 온 기분이었습니다. 루이는 베개 아래에 넣어 두었던 종이들을 꺼내 침대 밑으로 던졌습니다. 밤새 야간 문자를 공부하며 구멍을 냈던 종이들이었습니다. 베개를 안고 울먹이던 루이는 얼마 전 몰래 갔던 프랑스 국립 도서관을 떠올렸습니다. 손끝에 스치던 보드라운 책등과 아련한 종이 냄새

그리고 책장이 맞부딪혀 바스락거리는 소리……. 루이는 벌써 도서관이 그리워졌습니다.

'사람들 말처럼 맹인들에게 글자 같은 건 필요 없는 걸까?'

스스로 던진 질문에 루이는 세차게 고개를 저었습니다. 루이는 세상의 모든 책을 읽고자 하는 꿈을 버릴 수 없었습니다. 루이는 셔츠 소매로 눈물을 훔치고 바닥에 흩어진 종잇조각들을 더듬더듬 주워 모았습니다.

그날 밤에도 왕립 맹아 학교 학생들은 톡톡 종이 뚫는 소리 속에서 잠이 들었습니다.

브라이 점자

　루이에게는 언제부터인가 '송곳 루이'라는 별명이 생겼습니다. 어딜 가든 작은 송곳으로 점자를 찍고 있는 루이를 볼 수 있었기 때문입니다. 어린 시절 송곳에 눈이 찔려 맹인이 된 루이는 이제 송곳으로 세상을 향한 눈을 뜨려 하고 있었습니다. 루이는 돋음 문자도, 야간 문자도 아닌 루이 브라이 자신만의 글자를 만들기로 했습니다. 1821년, 고작 열두 살 때의 일이었습니다.

　어느덧 파리에도 여름이 찾아왔습니다.

　"루이, 너무 열 올리지 마. 고향에서 조금 쉬다 오면 연구도 더 잘될 거야."

친구들은 점자에 푹 빠져 있는 루이에게 이렇게 말했습니다. 도시 전체가 푹푹 찌기 시작했지만 루이는 더위에 굴하지 않고 밤새 글자를 연구했습니다. 루이의 책상 옆에는 매일 구멍 난 종잇조각들이 한 움큼씩 쌓였습니다. 하지만 시간과 노력을 쏟는 만큼 진전이 되진 않았습니다. 마치 점과 선으로 된 미로 속에서 헤매는 기분이었습니다.

루이의 몸도 약해지기 시작했습니다. 조금씩 기침이 심해지더니 이제는 가슴에 통증이 느껴질 정도였습니다. 방학이 시작될 무렵 루이는 완전히 지치고 말았습니다. 어쩔 수 없이 루이는 고향 쿠브레이로 내려갔습니다.

"루이! 이제 송곳은 그만 가지고 놀고, 들어와서 저녁 먹어라."

하지만 루이는 쿠브레이에서도 송곳을 놓지 않았습니다. 가을 학기가 되기 전에 새로운 점자를 완성하고 싶었기 때문입니다. 하지만 조바심 때문인지 점자를 찍으면 찍을수록 새 점자의 완성은 자꾸만 멀어지는 것 같았습니다. 루이는 다시 학교로 돌아갈 엄두가 나지 않았습니다.

'점자를 포기하면 고향에 남아 편히 살아갈 수 있을 텐데……. 아냐, 그럴 순 없어.'

이런저런 걱정에 가슴이 꽉 막힐 때면 루이는 팔뤼 신부님이 있는 성당으로 향했습니다. 어릴 적 신부님과 함께 공부하던 마을 성당은 루이에게 있어 영혼의 안식처나 다름없었습니다. 팔뤼 신부님은 근심에 차 있는 루이를 위로하며 이렇게 말했습니다.

"하느님이 한쪽 길을 막으실 땐 언제나 다른 길을 열어 두신단다, 루이야. 절대 포기하지 마라."

하지만 루이는 하느님이 준비해 두었다는 '다른 길'이 무엇인지 도통 알 수가 없었습니다.

어느 날, 루이가 산책을 마치고 돌아왔을 때였습니다. 마리 누나가 루이에게 편지 한 통을 쥐여 주었습니다.

"루이, 네 친구 가브리엘 고티에한테서 편지가 왔어. 그런데 편지에 아무것도 쓰여 있질 않아!"

루이는 봉투에서 편지를 꺼내 이리저리 더듬어 보았습니다.

'아무것도 쓰여 있지 않다면…….'

루이의 예상대로 편지에는 오톨도톨한 야간 문자가 찍혀 있었습니다. 루이는 손끝으로 점자를 읽어 나갔습니다.

이번 주말 발랑탱 아위 씨가 학교에 온다.

루이는 '발랑탱 아위'라는 말에 깜짝 놀랐습니다. 혹시 잘못 읽은 것은 아닐까, 몇 번이고 점자를 더듬어 보았습니다.
'발랑탱 아위라니! 발랑탱 아위가 학교에 온다고?'
루이는 믿을 수가 없었습니다. 왕립 맹아 학교를 세우고 시각 장애인을 위해 돋음 문자를 만든 발랑탱 아위가 이번 주말에 학교를 찾는다는 것이었습니다. 루이는 서둘러 짐을 챙겼습니다. 쿠브레이에 남을 것인지, 학교로 돌아갈 것인지 고민했던 마음이 거짓말처럼 사라졌습니다. 루이는 다음 날 아침 곧바로 파리행 마차에 몸을 실었습니다.
1821년 8월 21일, 발랑탱 아위를 위한 행사가 왕립 맹아 학교에서 열렸습니다.

"아위 씨가 도착하셨다! 어서 한 줄로 서거라!"

저녁이 되자, 발랑탱 아위가 교사들의 부축을 받으며 학교로 들어섰습니다. 정문 복도에 한 줄로 늘어선 학생들은 그의 입장에 맞춰 존경의 박수를 보냈습니다.

그날 학교는 발랑탱 아위를 위한 연회로 시끌벅적했습니다. 그야말로 축제 분위기였습니다. 행사의 마지막 순서는 발랑탱 아위의 연설이었습니다. 학생들은 연로한 그가 연단에 오르는 동안 환호의 박수를 멈추지 않았습니다. 마침내 연단에 올라선 그는 희미한 목소리로 연설을 시작했습니다.

"나는 여러분과 같은 시각 장애인들을 위해 보다 나은 세상을 만들고 싶었습니다. 그 꿈이 시작된 이곳에 다시 돌아오게 되어 기쁩니다."

발랑탱 아위는 시각 장애인들을 위해 살아온 자신의 인생과 투쟁에 대해 들려주었습니다. 그의 떨리는 목소리 뒤에는 여전히 끓어 넘치는 열정이 숨어 있었습니다. 짧은 시간이었지만 루이는 그가 강한 자부심을 지니고 있다는 걸 느낄 수 있었습니다. 시각 장애인을 위해 바친 인생에 대한 자부심이었습니다.

　발랑탱 아위가 학교에 다녀간 뒤, 루이의 머릿속은 한동안 발랑탱 아위에 대한 생각으로 가득했습니다. 덕분에 루이는 야간 문자에 몰두하느라 잊고 있었던 돋음 문자를 돌아보게 되었습니다.

　"발랑탱 아위 씨는 정말 대단해. 어떻게 만질 수 있는 글자를 고안했을까?"

　그때 문득 루이의 머릿속에 기발한 생각이 스쳤습니다.

　'야간 문자와 돋음 문자의 장점만 골라 섞는다면?'

　루이는 무릎을 탁 쳤습니다. 점으로 된 야간 문자는 돋음 문자보다 읽기 편리했으나 알파벳 대신 소리를 표기하는 방식이었기에 무려 열두 개의 점이 필요했습니다. 하지만 돋음 문자처럼 알파벳을 점자로 표현하게 되면 단 몇 개의 점만이 필요할 터였습니다.

　'하느님이 한쪽 길을 막으실 땐 언제나 다른 길을 열어 두신단다.'

　팔뤼 신부님의 목소리가 귓가에 맴돌았습니다. 루이는 마침내 '다른 길'이 무엇인지 깨달았습니다. 바로 알파벳 점자였습니다.

루이는 이후 3년 동안 새로운 점자를 개발하는 데 온 힘을 쏟아부었습니다. 마침내 점자를 완성했을 때, 루이는 어느새 열다섯 살 소년으로 성장해 있었습니다.

1824년의 어느 날 밤, 루이는 자고 있는 고티에를 흔들어 깨웠습니다.

"고티에, 어서 일어나서 이것 좀 봐."

루이는 고티에 앞에서 송곳으로 '가브리엘 고티에'의 철자를 찍어 보여 주었습니다. 순식간에 고티에의 이름을 적은 루이는 철자를 하나씩 설명하며 자신이 만든 새로운 점자를 소개했습니다. 졸음에 감겨 있던 눈이 점점 커지더니 고티에는 이내 탄성을 내질렀습니다.

"루이, 드디어 해냈구나!"

3년 동안 루이의 점자는 열두 개의 점에서 여섯 개의 점으로 단순해졌습니다. 주사위 눈처럼 가로 2열, 세로 3행으로 나열된 이 여섯 개짜리 점자로 무려 63가지 문자를 표현할 수 있었습니다. 알파벳과 각종 문장 부호까지 모두 말입니다! 이후 세계인들이 '브라이 점자'라고 부르

게 될 획기적인 점자가 탄생한 순간이었습니다.

"위대한 발명품에는 늘 멋진 이름이 붙지. 이 점자에도 이름이 필요해. 네 이름을 따서 '브라이'라고 하면 어때?"

고티에가 그 자리에서 점자에 이름을 붙여 주었습니다. 루이도 '브라이'라는 이름이 퍽 마음에 들었습니다. 루이는 얼마 뒤 교장 선생님을 찾아갔습니다. 송곳과 종이를 든 루이는 교장 선생님에게 아무 문장이나 불러 달라고 부탁했습니다.

무슨 영문인지는 몰랐지만, 교장 선생님은 루이의 말대로 서재에 있던 책 한 권을 뽑아 무작위로 펼친 부분을 읽었습니다. 루이는 순식간에 교장 선생님이 읽은 부분을 점자로 옮겨 찍었습니다. 그러고는 교장 선생님의 낭독이 끝나자마자 정확히 다시 읽어 냈습니다. 교장 선생님은 깜짝 놀랐습니다. 그는 루이의 구멍 난 공책을 들여다보며 물었습니다.

"루이, 어떻게 한 거니?"

루이는 교장 선생님에게 브라이 점자를 어떻게 발명하게 됐는지, 또 어떻게 쓰는지 설명했습니다. 교장 선생님은 감탄하며 말했습니다.

"내일 당장 학생들에게 네 점자를 보여 줘야겠다. 루이, 정말 대단하구나!"

어느 날, 루이는 전교생과 교사들 앞에서 브라이 점자를 선보였습니다. 학생들이 모두 강당에 모이자, 한 선생님이 시집을 펼쳐 읽었습니다. 루이는 무릎 위에 공책을 올려놓고 철필로 시를 받아 적었습니다. 선생님의 낭독이 끝나자, 루이는 브라이 점자로 적은 시를 큰 소리로 읽기 시작했습니다.

"가을날 낙엽이 떨어지면 내 마음 우울해, 그대의 따뜻한 손을 떠올리네……."

루이가 선생님이 읽은 시를 한 자도 틀리지 않고 낭독하자, 학생들은 모두 일어서서 환호했습니다. 그날 이후 브라이 점자는 순식간에 학생들 사이에 퍼졌습니다. 학생들은 이제 자신의 생각을 자유롭게 적고 나눌 수 있었습니다. 덕분에 학교는 톡톡 점자 찍는 소리로 가득 찼습니다. 교장 선생님 역시 모든 수업에서 브라이 점자를 활용하도록 지시했습니다.

그러던 어느 날, 학교를 경영하는 이사진이 루이를 찾아왔습니다.

"루이 브라이, 그 학생을 데려오시오!"

교장 선생님이 화가 난 이사진을 막아섰습니다.

"왜들 이러십니까? 브라이 군이 무슨 잘못이라도 저질렀습니까?"

일행 중 가장 나이 든 노인이 나서며 말했습니다.

"오랜 세월 공을 들여 돋음 문자를 공식적으로 사용하게 되었는데, 뭐? 새로운 문자를 만들었다고? 학생을 어떻게 관리하는 거요, 교장!"

그 사이 루이가 불려 나왔습니다. 이사진은 루이를 보더니 큰 목소리로 으름장을 놓았습니다.

"브라이 군, 오늘부터 이 학교에서는 자네의 점자를 쓸 수 없네!"

이사진이 다녀간 뒤, 왕립 맹아 학교에서는 브라이 점자를 공식적으로 사용할 수 없게 되었습니다. 학생들은 선생님 몰래 브라이 점자로 의사소통을 했지만, 수업 시간이나 행사에서는 점자라는 말조차 꺼낼 수가 없었습니다.

생각지도 못한 장벽에 가로막힌 루이는 점점 기운을 잃어 갔습니다. 수업 중에도, 쉬는 시간에도 정신이 나간 사람처럼 멍하니 있기 일쑤였습니다. 상심한 루이를 다시 일으켜 세운 것은 친구 가브리엘 고티에였습니다.

"루이, 너 또 정신을 빼놓고 다니지!"

고티에는 힘이 쭉 빠진 루이의 어깨를 두드렸습니다.

"조금만 기다려, 루이. 어른이 되면 사람들이 네 이야기를 들어 줄 거야. 브라이 점자는 사라지는 게 아니야! 잠시 동안만 서랍 속에 넣어 두는 거야."

고티에의 말을 듣고 있던 루이의 눈에서 참았던 눈물이 쏟아졌습니다. 고티에의 진심 어린 위로에 루이는 점자를 포기하지 않기로 결심했습니다.

루이 선생님

"으아앙!"

깊은 밤, 누군가의 울음소리가 고요한 기숙사를 뒤흔들었습니다. 잠에서 깬 루이는 지팡이를 챙겨 들고 기숙사로 향했습니다.

"누구니? 누가 울고 있는 거야?"

"로베르에요, 루이 선생님. 지난주에 들어온 신입생이요."

반장이 졸음에 겨운 목소리로 대답했습니다. 루이는 로베르에게 다가가 작은 어깨를 꼭 감싸 안았습니다. 로베르의 침대보는 오줌에 푹 젖어 있었습니다. 겁에 질린 로베르가 훌쩍이며 물었습니다.

"복도로 나가야 하나요, 루이 선생님?"

루이는 빙긋 웃으며 말했습니다.

"아니, 로베르. 대신 선생님이랑 같이 이불을 빨자. 화장실이 어디 있는지도 알려 줄게."

1828년, 열아홉 살이 된 루이는 왕립 맹아 학교의 교사가 되었습니다. 2년 전 왕립 맹아 학교를 함께 졸업한 고티에 역시 정식 교사가 되었습니다. 학생들의 처지를 누구보다 잘 알고 있는 루이는 언제나 사려 깊은 태도로 학생들을 대했습니다.

"루이 선생님, 오늘은 뭘 가르쳐 주실 거예요?"

루이의 수업 시간만 되면 학생들은 활기를 띠었습니다. 시각 장애를 갖고 있지 않은 교사들은 학생들을 엄격하게만 다루었지만 루이는 한없이 자상했습니다. 학생들은 자연스레 루이에게 마음을 열었습니다.

사랑스러운 제자들은 루이가 점자를 만드는 또 하나의 이유가 되었습니다. 루이는 보다 쉽고 명료한 점자를 위해 시간을 쪼개 연구에 몰두했습니다.

"우리 학생들도 또래 아이들처럼 책을 읽을 수 있다면 좋을 텐데……."

루이는 동료 교사들에게 이렇게 이야기하곤 했습니다. 루이는 어릴 적 프랑스 국립 도서관을 찾았던 날을 늘 마음속에 간직하고 있었습니다. 손끝을 스치던 수많은 책들! 루이는 그날 도서관의 위용을 온몸으로 느꼈습니다. 루이는 맹아 학교 학생들에게도 그런 도서관을 선물하고 싶었습니다.

도서관을 향한 첫걸음은 교과서를 브라이 점자로 옮기는 것이었습니다. 루이가 처음 옮긴 책은 왕립 맹아 학교의 문법 교과서였습니다. 동료 교사가 큰 소리로 교과서를 읽어 주면 루이가 한 글자씩 점자를 찍었습니다. 루이는 몇 달간 밤을 새워 가며 두꺼운 문법 교과서를 모두 옮겼습니다.

그러던 어느 날, 루이가 수업을 위해 교실에 들어섰을 때였습니다. 학생들이 루이의 발소리를 듣더니 교단으로 몰려나왔습니다.

"선생님, 문법 교과서 말고 다른 책은 없나요?"

"재미난 소설도 읽고 싶어요!"

이사진의 반대로 수업 시간에는 루이의 점자를 사용할 수 없었지만 학생들은 몰래 브라이 점자를 익혀 두었습니다. 밤새 루이가 만든 문법 교과서를 돌려 읽은 학생들이 들뜬 목소리로 루이에게 매달렸습니다. 루이는 학생들을 진정시키며 말했습니다.

"그래, 다른 책도 많이 만들어 주마. 다만 저녁에만 몰래 읽어야 한다."

루이는 책 읽는 즐거움에 눈을 뜬 학생들을 마주하며 말할 수 없는 보람을 느꼈습니다.

루이의 교사 생활은 새벽같이 일어나 수업을 준비하고, 아침부터 저녁까지 학생들을 가르친 뒤 밤늦게까지 점자를 찍는 일과의 반복이었습니다. 힘에 부쳤지만 루이는 점자를 통해 새로운 세계를 알아 가게 될 학생들을 위해 열심히 점자 책을 만들었습니다. 고된 일과 탓에 루이의 건강은 나빠졌습니다. 몇 년 전 시작된 기침이 심해지기 시작하더니 이제는 숨을 쉴 때마다 가슴이 아팠습니다.

학생들을 가르치던 어느 날, 루이는 가슴 깊은 곳이 심

하게 아린 것을 느꼈습니다.

'한숨 푹 자고 나면 나아질 거야.'

그러나 다음 날 아침이 되어서도 통증과 피로는 가시지 않았습니다. 루이의 창백한 안색을 본 동료 교사들은 서둘러 의사 선생님을 불렀습니다. 루이를 진찰한 의사 선생님이 주저하며 말했습니다.

"혹시 결핵이란 병을 알고 있습니까?"

루이는 가슴이 덜컹 내려앉았습니다. 루이가 살던 1800년대까지, 결핵은 죽음을 부를 수 있는 무서운 병이었습니다. 루이는 몸이 약한 학생들이 종종 결핵에 걸려 학교를 떠나는 것을 본 적이 있었습니다.

"공기 좋은 시골에서 오랫동안 요양하는 것이 좋습니다. 하지만 상태가 호전된다 해도 완치는 불가능합니다."

루이는 침대를 떠나지 않고 가만히 누워 있었습니다. 모든 게 거짓말이면 좋겠다고 생각했습니다. 루이는 아직 이십 대에 불과한 청년이었습니다. 질병이나 죽음과는 어울리지 않는 나이였습니다. 그러나 루이는 절망이 자신을 집어삼키기 전에 묵묵히 자리를 털고 일어났습니다.

'얼마 남지 않은 인생이라면, 일분일초라도 아껴야 해.'

루이는 쿠브레이로 내려가지 않고 학교에 남았습니다. 하루라도 빨리, 보다 많은 시각 장애인들에게 브라이 점자를 알려야 했기 때문입니다. 프랑스 정부는 브라이 점자에 관심이 없었습니다. 정부는 여전히 발랑탱 아위의 돋음 문자만을 고집했습니다.

"교장 선생님, 정부 관료들에게 편지를 써 주실 수 있을까요?"

루이는 브라이 점자의 공식 승인을 받기 위해 정치, 교육계의 유력한 인사들에게 편지를 쓰기로 했습니다. 교장 선생님은 루이를 도와 관료들에게 편지를 쓰고, 직접 사람들을 만나 가며 설득했습니다. 편지의 마지막 줄에는 이렇게 적혀 있었습니다.

돋음 문자보다 훨씬 쉽고 효율적인 이 점자는 시각 장애인들에게 새 삶을 열어 줄 것입니다.

루이는 지난 십여 년 동안의 노력과 진심이 전해지길

바라면서 우체통에 편지들을 집어넣었습니다. 루이는 답장을 기다리며 하루하루를 보냈습니다.

루이가 보낸 수십 통의 편지 가운데 답장이 돌아온 것은 단 몇 통이었습니다. 그러나 그마저도 완곡한 말로 '유감'을 표하는 것들뿐이었습니다. 정부 공직자가 보낸 답장에는 이렇게 쓰여 있었습니다.

브라이 씨의 노고에 박수를 보냅니다. 하지만 우리 정부 측은 돋음 문자를 포기할 뜻이 없습니다.

시각 장애가 없는 사람들은 루이가 왜 그렇게 새로운 점자를 고집하는지 이해할 수가 없었습니다. 그들이 보기에는 기존의 알파벳을 그대로 돋을새김한 돋음 문자가 더 쉬워 보였기 때문입니다. 또한 새 점자를 도입한다는 것은 그동안 많은 돈을 들여 만든 돋음 문자 책들을 폐기해야 한다는 뜻이었습니다. 이러한 이유로 브라이 점자는 프랑스 정부와 고위 인사들의 외면을 받았습니다. 시각 장애인들의 입장은 조금도 고려하지 않은 결정이었습니다.

루이와 교장 선생님은 프랑스 각지에 흩어져 있는 맹아 학교에도 편지를 보냈습니다.

'맹아 학교 교사들은 쉬운 점자의 필요성을 느끼고 있을 거야.'

그러나 교사들은 새로운 점자를 경계했습니다. 그들은 브라이 점자가 공식적으로 사용되면 일자리를 잃을까 봐 겁이 났습니다. 맹아들이 점자를 통해 많은 책을 읽을 수 있게 되면 교사들이 가르칠 것이 없어진다고 생각했기 때문입니다. 게으른 교사들은 학생들에게 들려줄 새로운 지식을 배우는 것도, 새로운 점자를 익히는 수고도 감내하고 싶지 않았습니다.

수많은 거절을 겪으면서 루이는 용기를 잃었습니다. 그러나 루이는 그때마다 팔뤼 신부님이 했던 말을 떠올렸습니다.

'하느님이 한쪽 길을 막으실 땐 언제나 다른 길을 열어 두신단다.'

비밀 문자

 루이는 점점 몸과 마음이 지쳐 갔습니다. 어떤 날은 꼼짝없이 침대에서 지내야 했습니다.
 "루이, 너 아무래도 좀 쉬어야 할 것 같아. 이러다 죽어!"
 동료 교사들은 루이에게 교편을 내려놓고 쉴 것을 권했습니다. 루이의 주치의 역시 점자 개발을 중단하고 편히 쉬면 몸이 훨씬 나아질 거라고 조언했습니다.
 결국 루이는 긴 휴가를 얻었습니다. 산책을 할 수 있을 만큼 몸이 나아질 때면, 루이는 가까운 성당에 찾아가 오르간을 연주했습니다. 루이는 음악에도 천부적인 재능을 갖고 있었습니다. 성당에 울려 퍼지는 파이프 오르간의 장엄한 가락에 몸을 맡길 때면, 루이는 천국에 있는 것 같았습니다.

루이는 성당 주교의 눈에 띄어 파리 성 니콜라우스 성당의 오르간 주자가 되었습니다. 매주 일요일마다 성당은 루이의 연주를 감상하려는 사람들로 가득 찼습니다.

"루이 자네, 아예 전임 오르간 주자가 되지 않겠나?"

어느 날 성 니콜라우스 성당의 주교가 루이에게 물었습니다. 그는 높은 보수도 제시했습니다. 왕립 맹아 학교에서 교사로 일하며 받는 적은 월급보다 몇 배는 많은 돈이었습니다. 그러나 루이는 겸손하게 거절했습니다.

"주교님, 제게는 할 일이 따로 있습니다."

1839년, 서른 살의 루이는 형편이 어려운 제자에게 오르간 주자 자리를 양보하고 다시 학교로 돌아왔습니다.

루이가 떠난 사이 학교는 어지럽게 돌아가고 있었습니다. 학생들에게 자유로운 교육 환경을 열어 주고 루이의 브라이 점자 사용도 적극적으로 후원했던 피니에 교장 선생님이 학교 이사진의 결정으로 쫓겨날 위기에 처한 것입니다. 루이의 든든한 지원군이었던 그는 1840년에 결국 학교를 떠나고 말았습니다. 그러자 곧 새 교장 선생님이 취임했습니다. 새로 온 아르망 뒤포 교장 선생님은 매우 보수적이고 고지식한 사람이었습니다.

뒤포 교장 선생님이 취임한 지 며칠 뒤, 루이는 교장실로 불려 갔습니다. 루이는 힘이 잔뜩 들어간 교장 선생님의 발소리를 듣고는 안 좋은 소식이 기다리고 있다는 걸 알 수 있었습니다.

"브라이 선생, 이사진이 몇 번씩이나 주의를 주었음에도 불구하고 학생들이 몰래 선생의 점자를 쓰고 있더군. 알파벳과는 동떨어진 그 점자를 계속 쓰다 보면 학생들은 자기들만의 세상에 갇히게 될 거요."

루이가 입을 열었습니다.

"교장 선생님, 그렇지 않습니다. 모양은 달라도 알파벳에 기초해서……."

"듣기 싫소! 이 학교에선 선생의 점자를 절대로 가르칠 수 없다는 것만 알아 두시오."

교장 선생님은 언성을 높이며 루이의 말을 잘랐습니다.

그러고는 루이를 교장실에서 쫓아냈습니다.

얼마 뒤 루이는 또 한 번 하늘이 무너지는 것 같은 사건을 겪게 되었습니다. 수업을 마치고 기숙사로 돌아가던 길이었습니다. 어디선가 매캐한 연기 냄새가 났습니다. 가만히 주의를 기울여 보니, 학교 앞뜰에서 타닥타닥 불을 피우는 소리가 들려왔습니다.

루이는 불길한 예감에 허겁지겁 달려갔습니다. 몇 번씩 벽에 부딪히고 넘어졌지만 아픈 줄도 몰랐습니다.

"애들아, 뭘 태우고 있는 거니?"

활활 타고 있는 종이 무더기 주위에는 수십 명의 학생들이 모여 울고 있었습니다.

"교장 선생님이 도서관에 쌓여 있던 점자 책들을 모두 태워 버리셨어요!"

불길은 어느새 마지막 책까지 삼켰습니다. 루이가 처음 만든 점자 책인 문법 교과서였습니다. 루이는 책이 타 들어가는 소리를 더는 듣고 있을 수 없었습니다. 글자 하나하나가 불길에 닿아 비명을 지르는 것 같았습니다.

교장 선생님은 창문 너머로 그 장면을 지켜보고 있었습

니다. 그는 많은 돈을 들여 제작한 돋음 문자 책이 루이의 점자에 밀려 먼지 속에 파묻히는 꼴을 볼 수가 없었습니다. 교장 선생님에게 브라이 점자는 학교의 위신을 좀먹는 '나쁜 글자'일 뿐이었습니다.

'모두 학교를 위한 일이야.'

그는 이렇게 자신을 다독였습니다.

루이는 한동안 넋을 잃은 듯 보였습니다. 학생들에겐 내색하지 않았지만 도저히 마음을 가눌 수가 없었습니다.

'이제 난 어떻게 살아야 하지?'

불타 버린 점자 책만 생각하면 루이는 정신이 아득해졌습니다. 브라이 점자에 바친 지난 세월마저 한낱 잿더미가 된 것 같았습니다.

그러던 어느 날, 루이의 지리 수업 시간이었습니다. 수업을 마치는 종이 울리자 학생들이 일제히 일어나 한쪽 벽에 열을 맞춰 섰습니다. 그러고는 한 명씩 교실을 나가며 루이의 겉옷 주머니에 무언가를 집어넣었습니다. 루이의 해진 양복 주머니가 두툼하게 부풀었습니다.

어느덧 교실에 혼자 남게 된 루이는 주머니에 손을 넣

었습니다. 수많은 종이쪽지 사이로 오톨도톨한 점자가 느껴졌습니다. 쪽지 위에는 저마다 루이를 위한 존경과 응원의 글귀가 적혀 있었습니다. 그것도 브라이 점자로 말입니다! 루이는 자신의 방으로 돌아가 쪽지를 하나하나 꼼꼼히 읽어 나갔습니다.

 -루이 선생님, 힘내세요.
 -점자를 만들어 주셔서 감사해요.
 -선생님은 혼자가 아니에요!

어느새 루이의 눈가에 눈물이 맺혔습니다. 루이는 학생들이 준 쪽지를 밤새 읽고 또 읽었습니다. 작은 쪽지들은 부드러운 손길처럼 그의 지친 영혼을 쓰다듬어 주었습니다. 루이는 이 싸움이 루이 혼자만의 것이 아님을 깨달았습니다. 루이 곁에는 든든한 제자들과 루이를 응원하는 수많은 친구들이 있었습니다.

그해 말, 루이에게 지원군이 한 명 더 생겼습니다. 바로 교장 선생님의 새로운 비서 조제프 과데였습니다. 눈치가 빠른 그는 학생들이 교칙을 어기고 몰래 브라이 점자를 사용하는 것을 알아챘습니다. 그는 학생들이 엄벌에도 불구하고 왜 브라이 점자를 계속 사용하는지 궁금했습니다. 그는 상급반 학생 한 명을 불러 직접 브라이 점자를 배워 보았습니다. 과데는 깜짝 놀랐습니다.

'여섯 개의 점으로 모든 글자와 기호를 적을 수 있다니!'

과데는 루이의 혁신적인 점자가 곧 전 세계 맹인들의 빛이 될 것을 직감했습니다. 그는 곧바로 교장 선생님을 설득하고 나섰습니다. 교장 선생님은 완강했지만 과데는 포기하지 않았습니다.

그러던 어느 날 밤, 과데는 교장실을 찾아갔습니다. 그러고는 실례를 무릅쓰고 교장실의 불을 모두 껐습니다. 한순간에 주위가 깜깜해졌습니다. 과데는 두 장의 종이를 교장 선생님의 책상 위에 올려놓았습니다. 각각 돋음 문자와 브라이 점자를 찍은 종이였습니다.

"교장 선생님, 앞에 있는 두 종이를 만져 보십시오."

교장 선생님은 과데의 무례한 행동에 당황했지만 일단 그의 말대로 했습니다. 교장 선생님은 먼저 왼쪽에 있는 종이를 더듬었습니다. 가뜩이나 깜깜해서 아무것도 보이지 않는데, 종이 위에는 꼬불꼬불 알 수 없는 모양들이 찍혀 있었습니다. 아무런 규칙도 없었습니다. 교장 선생님은 이번엔 오른쪽에 놓인 종이를 만져 보았습니다. 신기하게도 종이 위의 점들이 명확히 느껴졌습니다. 알파벳 모양은 아니었으나, 어떤 위치에 점들이 찍혀 있는지는 분명히 파악할 수 있었습니다.

이쯤 되니, 교장 선생님은 비서 과데가 왜 갑자기 교장실의 불을 껐는지 알 수 있었습니다. 그는 이 밤중에 자신을 설득하러 온 것이었습니다! 과데는 다시 램프에 불을 밝혔습니다.

"교장 선생님, 시각 장애인들에게 브라이 점자만큼 완벽한 문자는 없습니다. 브라이 선생의 점자는 조만간 전 세계 시각 장애인들의 눈을 열어 줄 것입니다."

결국 교장 선생님은 과데의 고집에 손을 들고 말았습니다. 사실 교장 선생님 역시 학생들과 싸워 오면서 브라이 점자의 우수성을 실감하고 있었습니다. 그리고 오늘 어둠 속에서 점자를 읽으면서, 브라이 점자의 위력을 인정할 수밖에 없었습니다. 교장 선생님은 학교 안에서 브라이 점자 사용을 허가한다는 문서에 서명했습니다.

다음 날, 학생들은 환호했습니다. 다시 브라이 점자를 사용할 수 있다는 사실이 믿기지 않았습니다. 루이는 과데를 찾아가 감사의 말을 건넸습니다.

과데는 손사래를 치며 말했습니다.

"브라이 선생, 모두 당신의 노력과 재능 덕분입니다."

얼마 뒤, 왕립 맹아 학교는 정부의 지원을 받아 새 건물로 이사했습니다. 학생들은 더럽고 눅눅한 학교에서 벗어나 넓고 깨끗한 건물에서 수업을 받게 되었습니다. 하지만 멋진 새 건물보다 훨씬 큰 변화는 따로 있었습니다. 바로 루이의 점자를 공식적으로 발표하는 자리가 마련된 것입니다.

루이가 서른다섯 번째 생일을 맞은 지 얼마 안 된 1844년 2월 22일, 왕립 맹아 학교의 신축 건물 개관식이 열렸습니다. 축제 분위기 속에 장엄한 음악이 울려 퍼지고, 교장 선생님이 귀빈들과 학생들을 향해 환영의 인사를 건넸습니다. 뒤이어 각계각층의 유명 인사들이 축사를 이어 갔습니다. 하지만 이날 행사의 백미는 따로 있었습니다. 마지막 순서가 되자, 과데가 연단에 올랐습니다.

그는 큰 소리로 브라이 점자의 원리와 읽고 쓰는 법을 소개했습니다.

"왕립 맹아 학교 교사 루이 브라이가 발명한 이 점자는 시각 장애인들에게 새로운 세상을 열어 줄 것입니다."

수많은 관중들이 숨죽여 과데의 발표에 귀를 기울였습니다. 여섯 개의 점으로 모든 글자를 표기할 수 있다는 것은 분명히 혁신적인 일이었습니다! 하지만 대다수의 관중들은 시각 장애인이 아니었기 때문에 루이의 점자만이 지닌 특별함을 깨닫지 못했습니다. 과데는 발표를 끝내자마자 어린 여학생을 연단으로 불렀습니다. 그리고 남학생 한 명을 강당 밖으로 내보내 강당에서 나는 소리를 듣지 못하게 했습니다.

"이제 아무나 한 분, 무대 위로 올라와 주십시오. 그리고 여기 이 시집을 펼쳐 아무 작품이나 읽어 주십시오."

그러자 머리가 하얗게 센 노부인이 무대로 올라왔습니다. 노부인은 시집을 받아 들고 시 한 편을 골라 읽었습니다. 무대 위의 소녀는 노부인이 읽어 주는 시를 빠르게 브라이 점자로 옮겼습니다. 시 낭독이 끝나자, 과데는 강당 밖에 있던 남학생을 불러 무대 위의 소녀가 브라이 점자로 적은 시를 읽게 했습니다.

"내 이마에 싸늘했던 그날 아침의 이슬……."

노부인이 읽은 바로 그 시였습니다! 낭독이 채 끝나기도 전에 관중들은 박수를 치기 시작했습니다. 그런데 한 신사가 자리에서 일어서더니 루이의 점자에 의문을 제기했습니다.

"나는 믿을 수 없소. 저 학생들과 미리 짜 놓은 것 아니오?"

그는 학생들이 미리 시를 외웠을 거라고 주장했습니다. 과데는 의연하게 대처했습니다. 그는 의심 많은 그 신사에게 무엇이든 읽을 만한 것을 내어 달라고 청했습니다. 그는 양복 주머니를 한참 뒤적이더니 오래전에 넣어 두었던 기차표를 꺼냈습니다. 과데는 표에 새겨진 모든 글자를 읽었습니다. 날짜, 목적지, 출발 시각……. 여학생은 다시 점자를 찍기 시작했습니다. 잠시 후, 강당 밖으로 나갔던 소년이 돌아와 여학생이 찍은 점자를 또박또박 읽어 내려갔습니다.

"1월 18일 마르세유행 오후 4시 열차, 2프랑……."

소년이 낭독을 마치자 사람들은 열렬한 박수를 보냈습니다. 자리에서 일어난 사람들도 있었습니다. 과데는 루이에게 모든 공로를 돌렸습니다. 관중들의 환호에 루이는 공손히 고개를 숙여 화답했습니다. 루이는 큰 감동을 받았지만 이상하게도 마음은 호수처럼 평화로웠습니다.

1월 6일, 파리

　1852년 겨울, 한 마차가 거센 눈발을 뚫고 파리로 향하고 있었습니다. 마차에 탄 사람들은 입김으로 언 손을 녹이며 말없이 앉아 있었습니다. 모두 침울한 얼굴이었습니다. 조금 뒤 마차는 왕립 맹아 학교 앞에 멈춰 섰습니다.
　마흔셋의 나이에 루이는 생사의 기로에 접어들었습니다. 그의 폐를 갉아먹던 결핵이 결국 생명까지 넘보게 된 것입니다. 병환으로 기숙사에 누워 있기 전까지 루이의 일상은 늘 한결같았습니다. 그는 학생들을 가르치고 점자를 보급하는 데 대부분의 시간을 보냈습니다. 새로운 점자의 발표로 학교에서 유명 인사가 되었지만, 루이는 겸

손하게 점자의 마지막 단점까지 보완하기 위해 최선을 다했습니다.

한동안 미열에 시달리던 그는 결국 학생들의 목소리를 듣지 못하는 지경에 이르게 되었습니다. 그는 이듬해 여름 방학에 교편을 내려놓았습니다.

"이제 내 소원을 다 이뤘어."

루이가 이렇게 말할 때마다 동료 교사들은 그를 다그쳤습니다.

"루이 너, 자꾸 할아버지 같은 소리 할래? 그런 말은 네 나이에 어울리지 않아."

동료들 역시 루이의 깊은 병세를 알고 있었지만, 루이가 죽으리라고는 결코 생각하지 못했습니다. 가을에 접어들어도 병세가 나아지지 않자, 루이는 마지막 순간이 얼마 남지 않았음을 예감했습니다. 겁이 나기도 했지만, 여태껏 최선을 다해 살아왔기에 후회는 없었습니다. 루이는 담담하게 자신의 병을 알리는 편지를 가족과 친구들에게 보냈습니다.

루이의 소식을 들은 친구들은 마차를 빌려 왕립 맹아

학교에 찾아왔습니다. 친구들은 먼저 도착한 루이의 가족들과 인사를 나눈 뒤, 무거운 마음으로 루이의 방에 들어섰습니다.

"어서 와, 내 친구들!"

루이는 친구들의 기척을 금방 알아채고는 반갑게 인사했습니다. 그즈음 병마와 마지막 사투를 벌이고 있던 루이는 창백하고 앙상한 몸으로 침대에 누워 있었습니다. 친구들은 루이의 희미한 목소리에서 그가 받고 있는 고통을 헤아릴 수 있었습니다. 하지만 친구들은 눈물 대신 따뜻한 인사와 미소로 루이의 마지막을 함께했습니다.

1852년 1월 6일, 루이 브라이는 사랑하던 가족들과 친구들 곁에서 눈을 감았습니다. 밤새 내린 눈은 파리 시내를 소복이 덮었습니다. 루이는 소리 없이 내리는 눈을 벗 삼아 평안히 세상을 떴습니다.

당시 프랑스의 어떤 신문도 루이 브라이의 죽음을 애도하지 않았습니다. 루이의 가족과 친구들을 제외하고는 그가 이 세상에 살다 갔는지 기억하는 이가 없을 정도였습니다. 하지만 루이의 점자만은 기억되고 살아남았습니다.

루이가 세상을 떠난 뒤 브라이 점자는 세계 각지로 뻗어 나갔습니다. 1854년, 파리의 모든 맹아 학교에서 브라이 점자를 공식적으로 사용하기 시작했고, 대서양 건너 미국에서는 1858년에 브라이 점자를 받아들였습니다. 브라이 점자는 불길처럼 퍼져 나가 아프리카와 아시아에도 전파되었습니다. 1926년에 이르러서는 우리나라도 브라이 점자를 사용하게 되었습니다. 어느덧 브라이 점자는 전 세계 시각 장애인들의 등불이 되었습니다.

루이가 세상을 뜬 지 정확히 백 년 뒤인 1952년 1월 6일, 수많은 사람들이 파리 도심을 메웠습니다. 고향 쿠브레이에 묻혔던 루이의 유해를 프랑스 역사의 영웅들이 잠들어 있는 팡테옹 국립묘지로 이장하는 운구 행렬이었습니다. 국민들은 거리로 나와 박수와 환호를 보냈습니다. 팡테옹으로 향하는 루이의 관 뒤로는 각국의 귀빈들이 따랐습니다.

그러나 1월 6일의 주인공은 따로 있었습니다. 바로 시각 장애인들이었습니다. 세계 전역에서 모인 시각 장애인들이 그들의 삶에 빛을 선사해 준 루이 브라이를 기리기 위해 파리에 모인 것입니다. 운구 행렬을 따르는 수많은 지팡이 소리가 마치 감사의 박수처럼 파리의 하늘에 울려 퍼졌습니다.

오늘날 세계 어느 나라에 가든 점자 도서관을 찾아볼 수 있습니다. 그곳에는 루이 브라이가 생전 꿈꿨던 풍경이 펼쳐져 있습니다. 바로 수많은 점자 책이 높은 서가들을 가득 채운 모습입니다. 백여 년 전 눈물로 심은 루이의 꿈이 세계 각지에서 고스란히 싹을 틔운 것입니다. 지난날 루이가 살던 쿠브레이의 벽돌집은 '루이 브라이 박물관'이 되어 그 자리에 남아 있습니다. 박물관 앞에는 이런 문구가 적혀 있습니다.

그는 앞을 볼 수 없는 모든 이들에게 지식의 문을 열어 주었다.

역사인물 돋보기

루이 브라이 (1809~1852)

점자를 발명한 루이 브라이는
어떤 시대에 살았으며 누구에게
용기와 희망을 주었을까?
눈먼 사람들에게 세상을 향한 문을
열어 준 그의 삶을 좀 더
구석구석 살펴보자!

1. 루이 브라이는 어떤 시대에 살았을까?

혁명의 시대, 혼돈의 프랑스

루이 브라이가 태어났을 당시, 프랑스는 혁명과 쿠데타로 무척 혼란스러웠습니다. 루이 14세의 통치로 정점에 오른 왕권이 서서히 몰락하자, 1789년 시민 계층이 프랑스 혁명을 일으켰습니다. 이후 정부의 형태를 수도 없이 바꾸며 혼란을 거듭하던 프랑스는 1799년 쿠데타를 일으킨 나폴레옹 보나파르트에게 정권을 넘겼습니다.

전쟁의 여파

1800년대 초, 프랑스의 황제가 된 나폴레옹은 유럽과 러시아에 많은 군대를 보내 전쟁을 일으켰습니다. 덕분

앙투안 장 그로 作 '1807년 2월 9일 아일라우 전장 기지의 나폴레옹'(1808)

에 프랑스는 유럽의 최강국이 되었지만 치열한 전쟁으로 영토의 일부를 주변국에 빼앗기기도 했습니다. 1814년에는 루이 브라이가 살던 쿠브레이에 러시아 군대가 쳐들어왔습니다. 루이 브라이의 가족은 러시아 군인들에게 집을 빼앗기고 갖은 횡포에 시달렸습니다.

장애인도 배우는 세상

자유와 평등에 기초한 혁명 정신은 가난한 백성과 장애인에게 교육의 길을 열어 주었습니다. 1755년 레페가 프랑스 파리에 세계 최초로 농아 학교를 세웠고, 1784년에는 발랑탱 아위가 세계 최초로 맹아 학교를 세웠습니다. 1824년, '브라이 점자'가 발명되면서 시각 장애인 교육은 더욱 활기를 띠었습니다. 1854년에는 파리의 학교에서 브라이 점자를 공식적으로 사용하게 되었고, 이후 점자는 세계 각국으로 뻗어 나갔습니다.

루이 브라이 초상화

2. 쏙쏙! 키워드 지식 사전

쿠브레이

루이 브라이가 태어나 어린 시절을 보낸 쿠브레이는 프랑스의 수도 파리에서 약 30킬로미터 떨어진 작은 마을입니다. 루이 브라이의 생가는 현재 '루이 브라이 박물관'으로 꾸며져 방문객들을 맞고 있습니다. 쿠브레이에는 루이 브라이가 다니던 성당도 남아 있습니다.

왕립 맹아 학교

1784년 발랑탱 아위가 프랑스 파리에 설립한 세계 최초의 맹아 학교입니다. 열두 명의 학생으로 시작된 왕립 맹아 학교는 수많은 맹아들에게 다양한 학문과 다양한 기술을 가르쳤습니다.

'왕립 맹아 학교'와 '발랑탱 아위' 동상

루이 브라이는 1819년 왕립 맹아 학교에 입학했으며 생을 마감할 때까지 학교에 머물렀습니다.

돋음 문자와 야간 문자

돋음 문자는 발랑탱 아위가 맹인들을 위해 만든 문자로, 종이에 알파벳 활자를 돋을새김하여 표기하는 문자였습니다. 그러나 돋음 문자는 크고 복잡해서 사용하기 어려웠습니다. 야간 문자는 샤를 바르비에 대위가 고안한 군사용 점자였습니다. 그러나 열두 개의 점으로 이루어진 야간 문자는 한 단어를 쓰는 데만도 수많은 점이 필요해 제대로 활용되지 못했습니다.

브라이 점자

1824년에 루이 브라이가 만든 점자입니다. 하나의 점자는 여섯 개의 점으로 이루어져 있으며 점들은 가로 2열, 세로 3행의 직사각형으로 배열되어 있습니다. 단 여섯 개의 점으로 알파벳은 물론 음악과 수학 기호도 표기할 수 있어, 오늘날 전 세계의 맹인들이 사용하고 있습니다.

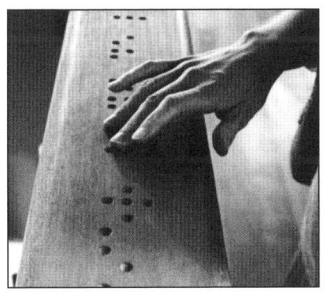
브라이 점자

팡테옹 국립묘지

루이 15세가 자신의 병이 치유된 것을 신에게 감사하기 위해 지은 교회였으나 이후 국립묘지로 바뀌었습니다. 팡테옹 지하에는 볼테르, 루소, 빅토르 위고 등 프랑스 역사의 주역들이 묻혀 있습니다. 1952년 프랑스 정부는 점자로 전 세계 시각 장애인들의 삶을 밝힌 루이 브라이의 공을 인정해 그의 유해를 팡테옹으로 이장했습니다.

3. 위인은 위인을 낳는다!

헬렌 켈러(1880~1968)

1880년 미국에서 태어난 헬렌 켈러는 어릴 적 앓은 홍역으로 시각과 청각을 잃었습니다. 일곱 살 때부터 점자를 배우기 시작한 그녀는 하버드 대학에 진학하여 대학 교육을 받은 최초의 시·청각 중복 장애인이 되었습니다. 그녀는 사회 운동가로 활동하면서 평생을 장애인과 여성, 노동자의 권리를 위해 싸웠습니다.

헬렌 켈러가 말하는 루이 브라이

"루이 브라이는 신과 같은 용기와 황금과 같은 마음을 지닌 천재다. 나는 그의 점자 덕분에 읽는 기쁨을 맛보았고, 세상이 새롭게 빛나게 되었다. 루이 브라이는 수백만 장애인들이 절망스러운 어둠에서 벗어나, 빛으로 가득한 세상으로 가는 넓고 튼튼한 계단을 놓았다."

송암박두성기념관 제공

박두성(1888~1963)

일제 강점기 때 맹아 학교에서 학생들을 가르치던 박두성은 일본어 점자만을 사용해야 하는 현실에 불만을 품고 1920년부터 한글 점자 연구를 시작했습니다. 그리하여 1926년, 루이 브라이의 점자를 응용해 한글 점자를 완성했습니다. 그가 만든 훈맹정음*은 오늘날 사용하는 한글 점자의 기초가 되었습니다.

*훈맹정음은?
1926년 박두성이 만든 한글 점자 체계로, 루이 브라이의 6점식 점자에 기초하여 발명되었습니다. 훈맹정음은 '눈먼 이들을 가르

치는 바른 소리'라는 뜻입니다. 우리나라는 박두성이 훈맹정음을 발표한 11월 4일을 '점자의 날'로 지정해 기념하고 있습니다.

에릭 와이헨마이어(1968~)

ⓒ ⓘ Dbergere, 위키미디어

1968년 미국에서 태어난 에릭 와이헨마이어는 망막박리증으로 열세 살에 시력을 잃었습니다. 그는 장애와 차별로 고통받는 이들을 위해 모험가가 되었습니다. 2001년, 에베레스트를 정복한 최초의 시각 장애인이 된 그는 이후 세계에서 가장 높은 일곱 개의 봉우리를 모두 등정하며 전 세계인들에게 감동을 주었습니다.

에릭 와이헨마이어가 말하는 루이 브라이

"브라이 점자를 배우는 것은 내 모험의 시작이었다. 나는 눈 대신 손으로 글자를 읽을 수 있다는 사실에 감격했다. 등산 역시 내 눈으로는 할 수 없었지만 다른 방법으로 해낼 수 있었듯이 말이다. 나는 루이 브라이의 삶에 빚을 진 셈이다."

4. 한눈에 보는 루이 브라이의 발자취

1809년 1월 4일, 프랑스 쿠브레이에서 태어났습니다.

1812년 아버지의 공방에서 사고로 시력을 잃었습니다.

1816년 쿠브레이의 마을 학교에 다니기 시작했습니다.

1819년 왕립 맹아 학교에 입학해 돋음 문자를 배웠습니다.

1821년 샤를 바르비에 대위의 야간 문자를 배웠습니다.

1824년 점 여섯 개로 알파벳과 숫자, 수학 기호까지 표현할 수 있는 점자를 만들었습니다.

1826년 왕립 맹아 학교의 보조 교사가 되었습니다.

1828년 왕립 맹아 학교의 정식 교사가 되어 수학, 지리, 문법, 음악을 가르쳤습니다.

1835년 결핵에 걸려 건강이 나빠졌습니다.

1839년 비장애인도 읽을 수 있는 점자를 발명했습니다.

1852년 1월 6일 파리에서 세상을 떠났습니다.

역사를 바꾼 인물들은 도전과 열정으로 역사를 바꾼 인물들의 일생을 만날 수 있는 시리즈로 아이들의 마음밭에 내일의 역사를 이끌어 갈 소중한 꿈을 심어 줍니다.

❶ **이순신**, 거북선으로 나라를 구하다 박지숙 | 학교도서관사서협의회 추천도서
❷ **김구**, 통일 조국을 소원하다 박지숙 | 학교도서관사서협의회 추천도서
❸ **루이 브라이**, 손끝으로 세상을 읽다 마술연필 | 학교도서관사서협의회 추천도서
❹ **세종 대왕**, 세계 최고의 문자를 발명하다 이은서 | 〈국어〉 교과서에 작품 수록
❺ **정약용**, 실학으로 500권의 책을 쓰다 박지숙 | 학교도서관사서협의회 추천도서
❻ **민병갈**, 파란 눈의 나무 할아버지 정영애 | 아침독서 추천도서
❼ **이회영**, 전 재산을 바쳐 독립군을 키우다 이지수 | 〈국어〉 교사용 지도서에 작품 수록
❽ **노먼 베쑨**, 병든 사회를 치료한 의사 이은서 | 학교도서관사서협의회 추천도서
❾ **장영실**, 신분을 뛰어넘은 천재 과학자 이지수 | 학교도서관사서협의회 추천도서
❿ **마틴 루서 킹**, 나에게는 꿈이 있습니다 이지수 | 아침독서 추천도서
⓫ **신사임당**, 예술을 사랑한 위대한 어머니 황혜진 | 학교도서관사서협의회 추천도서
⓬ **헬렌 켈러**, 사흘만 볼 수 있다면 황혜진 | 어린이철학교육연구소 선정도서

마술연필 어린이와 청소년을 위해 유익하고 감동적인 글을 쓰고 책을 펴내는 아동청소년문학 기획팀입니다. 호기심과 상상력이 풍부한 아동청소년문학 작가·번역가·편집자가 한데 모여, 지혜와 지식이 가득한 보물창고를 만들기 위해 애쓰고 있습니다. 지은 책으로 『어린이와 청소년을 위한 독도 백과사전』, 『우리 땅의 생명이 들려주는 이야기』, 『세종 대왕, 한글로 겨레의 눈을 밝히다』, 『루이 브라이, 손끝으로 세상을 읽다』, 엮은 책으로 『자연에서 만난 시와 백과사전』, 『1학년 창작동화』, 『1학년 이솝우화』, 『1학년 전래동화』, 『1학년 명작동화』, 옮긴 책으로 『친구가 필요해!』 등이 있습니다.

원유미 1968년 서울에서 태어나 서울대학교에서 산업디자인을 공부했습니다. 초등학교 〈국어〉 교과서에 실린 동화 「우리는 한편이야」의 그림을 그렸으며, 그린 책으로 『나와 조금 다를 뿐이야』, 『쓸 만한 아이』, 『사람이 아름답다』, 『아주 작은 학교』, 『이젠 비밀이 아니야』, 『다리가 되렴』, 『동생 잃어버린 날』, 『곰돌이 푸우 이야기』, 『루이 브라이, 손끝으로 세상을 읽다』 등이 있습니다.